U0040493

謝沅瑾

生肖運勢

雞年大解析

二〇一七丁酉年

自序

從一九七八年開始學習命理五術風水，無論古籍、通書或現今風水刊物，始終覺得博大精深，浩瀚無底，進而接觸日本、韓國……等命理五術刊物，更覺得深淺不一，各有所述。

自一九九四年開始長期參與各大電視台採訪錄影，談風水命理，到二〇〇三年受邀中天《台灣妙妙妙》風水錄影長達兩年，其間「風水命理界教父」之名不脛而走，用科學角度分析解釋，開創專業風水命理解析先例，深得好評，其收視率之高，首播加上重播長達六年之久。

自二〇〇四年「風水命理教科書系列」出版後，更造成出版界的一股風水命理旋風，第一本風水書銷售二十萬冊以上的佳績，更是締造命理類書籍的紀錄，出版業甚至有專文討論解析本書瘋狂銷售的原因，除了讓風水普及之外，更讓大家有正確的命理風水觀。一直以來，除了希望讓大家有正確的風水觀念，以免受騙之外，我更希望能夠讓「通書」、「農民曆」和「命理」融合，讓更多的人方便簡單好用。

常常遇到許多年長的媽媽們，一說到「農民曆」，大部分不是因為內容艱澀使她們「看不懂」，要不然就是密密麻麻的字讓她們「看不清楚」，再者，農民曆中往往充斥許多「不知所云」的內容。因此做一本精確、實用、容易閱讀的農民曆，不只是獻給我自己的爸爸、媽媽，更獻給普天之下有福分的每一位爸爸、媽媽。這本農民曆設計上方便使用、簡單易懂，讓讀者可以自己選擇吉日、吉時，並輕鬆找出每天的財位、貴人、旺方、喜門……等方位，並能避開每天的煞方，讓每個人都能輕鬆趨吉避凶，幫助大家事業有成，事半功倍。

今年更增加了生肖運勢大解析，為大家用生肖與農曆月份排出流年流月，提醒讀者留心自己與家人的運勢，可以提前消災解厄、招財納福。

期望能以此書，讓我的希望理想和座右銘能夠落實在每一位有福氣的朋友身上，那就是：

風水讓富人累積財富，讓窮人改變命運！

謝沅瑾

謝沅瑾老師大事紀

西元	年齡	重要經歷
1970	6	•開始學習國術
1978	14	•開始學習命理五術
1982	18	•以業餘身份開始從事命理工作 •考上國術、太極拳合格教練
1990	26	•白手起家配合專業知識創立連鎖事業
1993	29	•正式執業，成立「謝沅瑾命理研究中心」
1994	30	•開始長期接受台視、中視、華視、三立、東森……等九家台灣電視台以及平面媒體新聞採訪報導
1995	31	•受邀長期參與台灣各有線無線電視台節目錄影
1996	32	•受邀長期參加台灣三立電視台《穿梭陰陽界》、台灣GTV27《神通鬼大》……節目錄影
1997	33	•受邀長期參加台灣中視電視台《社會秘密案》……等節目錄影
1998	34	•受邀長期參加台灣超級電視台《星期天怕怕》、台灣八大《神出鬼沒》……等節目錄影
1999	35	•受邀長期參加日本電視台電視錄影 •受邀長期參加台灣東森電視台《鬼話連篇》……等節目錄影長達五年
2000	36	•受邀長期參加台灣三立電視台《第三隻眼》……等節目錄影
2001	37	•受邀長期參加台灣東森S電視台《社會追緝令》、台灣GTV28《命運大作戰》……等節目錄影
2003	39	•受邀參加台灣中天電視台《台灣妙妙妙》……等節目錄影長達兩年
2004	40	•受邀參加上海電視台演講錄影 •風水著作「謝沅瑾風水教科書系列」開始出版，創風水書暢銷五年以上冠軍

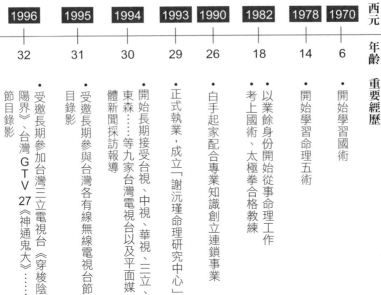

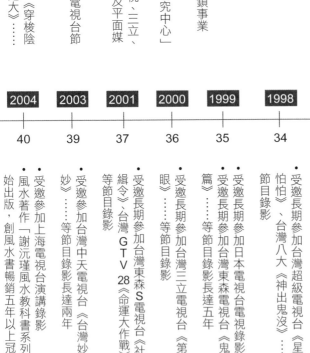

謝沅瑾老師大事紀

2010	2009	2008	2007	2006	2005
46	45	44	43	42	41

2010 / 46
- 受邀長期參與海外澳亞衛視《順風順水》節目錄影
- 「謝沅瑾風水教科書系列」第七本《新居家風水教科書》出版

2009 / 45
- 「謝沅瑾老師教你改好運發大財」—《謝沅瑾開運農民曆》出版。《一瞬間改變命運》出版

2008 / 44
- 「謝沅瑾民俗風水教科書系列」—《謝沅瑾風水教科書系列」第六本《招財風水教科書》出版

2007 / 43
- 受邀長期於《獨家報導》撰寫「謝沅瑾回憶錄」，成為第一位在雜誌連載回憶錄的風水命理老師
- 「謝沅瑾民俗風水百寶箱系列」—《福》、《祿》、《壽》、《喜》出版

2006 / 42
- 「謝沅瑾風水教科書系列」第五本《好風水、好桃花》出版

2005 / 41
- 長期受邀於新加坡、馬來西亞……進行多次演說
- 受邀參加台灣緯來電視台《好運望望來》長達一年、《不可思議的世界》……等節目長期錄影

2016	2015	2014	2013	2012	2011	2010
52	51	50	49	48	47	46

2016 / 52
- 出版《謝沅瑾雞年生肖運勢大解析》一書

2015 / 51
- 出版《謝沅瑾猴年生肖運勢大解析》一書
- 出版《觀相》一書，教讀者看相識人

2014 / 50
- 謝沅瑾老師粉絲頁「謝沅瑾命理／民俗文化研究中心」與「謝沅瑾老師行動風水教室」粉絲合計突破30萬人

2013 / 49
- 謝沅瑾「行動風水教室」臉書粉絲團成立，開始分享謝沅瑾老師風水案例

2012 / 48
- 受邀長期參與緯來電視台《風水有關係》節目錄影

2011 / 47
- 創立「中國正統民俗風水教育協會」擔任第一屆全國總會理事長
- 當選「中華星相易理堪輿師協進會」第四屆全國總會理事長

2010 / 46
- 「謝沅瑾民俗風水教科書系列」第八本《新居家風水教科書2》出版
- 「謝沅瑾風水教科書系列」第九本《文昌風水教科書》出版
- 「謝沅瑾民俗風水教科書系列」《謝沅瑾老師教你改好運發大財2》出版

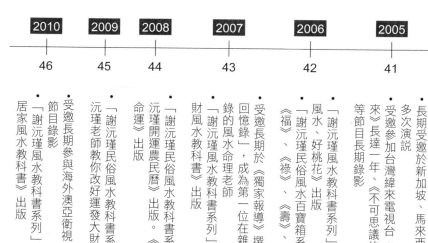

弟子序 胡瑋庭 老師

- 中華堪輿道派宗師府大弟子（謝沅瑾師入室大弟子）
- 謝沅瑾命理／民俗文化研究中心亞洲區行政負責人
- 中國正統民俗風水教育協會全國總會常務理事

自一九九五年認識謝老師開始，從一個拜託謝老師幫忙看自己家裡風水的人，轉變成一個跟著謝老師看人家家裡風水的人，每天和謝老師一起看風水、八字、姓名學已近十年，然而謝老師給我的感覺，卻跟十多年前剛認識時一樣，永遠是那麼熱心、真誠與負責。在開始和謝老師學習時，謝老師已經是一個媒體寵兒，除了固定時間錄影的兩個節目以外，還隨時都會有媒體想要採訪或邀約錄影。在每天排得滿滿的風水鑑定行程中，還要挪出時間參加各種錄影與訪問，固然考驗了一個助理的能耐，但更考驗了一個老師的品格和人格。

因為在這十多年來，眼看著許多老師在電視媒體上進進出出、出現消失，或者自以為有名而張牙舞爪、得意洋洋，甚至在命理業務上獅子大開口的人大有人在，能夠像謝老師一樣，在媒體的包圍之下，依然維持一貫的誠實、謙虛、純樸、熱誠的老師，可說是少之又少。特別是和謝老師在國際舞台上看著美國、日本、新加坡……等世界各國媒體邀約採訪時，一位真正國際級的大師，受到大家真心的尊重，仍然能夠保持平常心，對待所有的人，那種感覺，才是我真正感動的地方。

謝老師要求每一位弟子，一定要有人飢己飢，人溺己溺的精神，並常說道：「法律之前人人平等，相同的，在當老師的人面前也應該是一樣人人平等，絕對不可分貧富貴賤，任何人都有改變命運的權利！」所以和謝老師一起走過的這十年間，無論是達官貴人，或是一般民眾，謝老師從不分貧富貴賤，都是一樣認真謙虛的對待。謝老師常常犧牲用餐時間，餓著肚子，還認真的聽每一個人說著自己的問題，看在眼裡，感動湧現在心裡。

在這十多年中，有好幾次遇到家中發生急難的人，不計一切代價，甚至直接捧著大把鈔票前來，只希望事情能越早處理好越好。這種情況要換做是其他老師，有的可能就照單全收，甚至還趁火打劫，想盡辦法敲竹槓的大有人在，但謝老師不但沒有如此，甚至見到當事人原本就家境困苦，更是伸出援手免費幫忙解決問題，這種善行義舉，對天天和謝老師一起東奔西跑，救苦救難的我們，更是如數家珍。

由於長期在謝老師身邊的關係，謝老師在風水命理姓名學上的專業與準確，對我而言已如同家常便飯，見怪不怪，然而眼看著一位命理老師，長期處在這樣的地位與聲望中，卻依然能保有當年的那股熱情與原則，對我們這種經歷無數，聽過成千上萬家庭的喜怒哀樂的人來說，謝老師的「一路走來始終如一」才是我最敬佩他之處。

弟子序 于子芸 老師

- 中華堪輿道派宗師府二弟子（謝沅瑾老師入室二弟子）
- 謝沅瑾命理／民俗文化研究中心總部暨新加坡分部專任解說老師
- 中國正統民俗風水教育協會全國總會副理事長

自一九八四年與謝老師認識，從相信風水、瞭解風水，進而接觸姓名學，在這麼多年接觸學習的過程中，深知謝老師將所學到的知識，毫無保留的傳授給弟子們。

謝老師告誡弟子們：「要把有用的學問，幫助需要幫助的人，絕不能分貧、富、貴、賤。」更不能用自己所學的學問，去做坑、矇、拐、騙的事去害別人，因為我們所說的任何一句話，都有可能會影響到別人的一生，所以說話必須實在，不要誇大，要將別人的問題，用誠懇的心去處理事情、解決問題。

謝老師始終認為，人應該為自己說的話負責，而謝老師許多傳承自師尊的告誡，像是「稻子愈成熟，頭就要垂得愈低。」、「一個人有三分才華，就要有七分謙虛。」不管擁有多強的實力，身處多高的地位，處事低調、謙虛、誠懇，這些特質從謝老師身上便可看到，這也是老師給弟子們的座右銘，我們時時刻刻都謹記在心。

謝老師是一位無私奉獻、值得尊敬的老師，在教授風水上面，毫不藏私，毫無保留地用最簡單的詞彙，清楚明白的教弟子們和電視機前的每一位觀眾。在世界各國各地的演講中，總有無數的命理老師會到現場聽演講，當我們問老師為什麼還是毫無保留的傳授和回答時，謝老師很認真的跟我們講：「這有什麼關係嗎？正確的命理風水知識，如果可以讓每一個人或每一個老師，有更正確的觀念，去幫助更多需要幫助的人時，其實就是傳播善知識，不是一件很好的事嗎？」

這與許多別的老師藏私、嫉妒、自大的態度相比較，有如天壤之別，更加深了我們對謝老師的尊敬，難怪有這麼多人都稱謝老師為「風水命理界的教父」！

謝老師還常說，學問是學無止境，活到老，學到老。謝老師出書，是為了要讓更多的人瞭解風水、命理，進而無形中能幫助更多的人，誠如謝老師所言：「風水讓富人累積財富，讓窮人改變命運。」

我們非常感恩謝老師的教誨，不僅學習到很多專業方面的知識，也學習到許多待人處事的方法與態度，今後我們將秉持謝老師「幫助所有需要幫助的人」的理念，繼續將謝老師服務濟世的精神傳承下去，幫助更多需要幫助的人。

弟子序 李秉蓁 老師

- 中華堪輿道派宗師府五弟子（謝沅瑾老師入室五弟子）
- 謝沅瑾命理／民俗文化研究中心德國分部負責人
- 中國正統民俗風水教育協會全國總會理事

中國近代「風水史」中，最功不可沒的一人

「風水」這個名詞，是中國在21世紀中，令外國朋友印象最深刻的一個詞彙。而中國近代「風水史」中，最功不可沒的一人，非台灣最知名的國際級大師——「謝沅瑾」老師莫屬了。

謝沅瑾老師是台灣第一個純「風水」節目的開山始祖（台灣妙妙妙），自二〇〇三年開播以來，老師的影響力遍及台灣、新加坡、馬來西亞、印尼、美國……連遠在德國的我們也深受其影響。之後二〇〇五年第二個純風水節目在緯來電視台的「好運望望來」。二〇一〇年澳門「澳亞衛視」的「順風順水」開創了「兩岸四地」第一個看得見的風水節目。二〇一二年緯來電視台的「風水！有關係」……等節目，都是在各地創造高收視率，引領世界各地對中國「風水」一詞研究探討的重要人物，其影響力，在中國「風水文化」的歷史定位是不可抹滅的。不但在世界各地開創了大家對風水的一個新熱潮，也引領大家對於中國傳統風水的印象，有了非常大的改變。

謝沅瑾老師是第一位在電視上公開用科學的角度解析風水，用現代化顯淺易懂的詞彙分析，把幾十年來的研究、中國人的智慧，不論大家年紀、知識水平的高低，都能理解風水影響的老師。有別於「傳統風水」，各家秘密不願公開、老師們又各自藏私的傳統印象，所以才會被尊稱為「台灣風水命理界的教父」！

遠在德國的我們，也和許多中國人、海外僑胞學子一樣，都是看「謝沅瑾」老師的節目，一路過來的，從自己修正調整，改變風水到親自到台灣取經、登門拜訪謝老師，最令人驚訝的是，「謝沅瑾老師」電視上忠厚老實，和藹親民的印象，在私底下，居然和電視上一模一樣，感覺上就像認識謝老師，很久很久了一樣。而遠在美國也有學子們的論文，和我們一樣是專程到台灣專訪謝老師寫的，連各國的電視台，Discovery Channel……等國際性的節目，也一再到台灣拜訪「謝沅瑾老師」做各種主題性的專訪。

不論您在世界何處，不管您看的是「謝沅瑾老師」的節目或書籍，都祝福您能和我們一樣平安幸福，讓謝沅瑾老師的精神延續下去，「幫助到所有需要幫助的人」，記住老師的名言「風水！讓富人累積財富！讓窮人改變命運！」

目錄

一 生肖運勢大解析

二 丁酉年命名大全

三 丁酉年風水運用大全

四 招財補運DIY

目錄

五 謝沅瑾開運農民曆

六 擇日與擇時

七

財喜貴方

一

生肖運勢大解析

丁酉年百歲年齡生肖對照表

年份	生肖	年齡
一九一八（7年）	戊午馬	100歲
一九一九（8年）	己未羊	99歲
一九二〇（9年）	庚申猴	98歲
一九二一（10年）	辛酉雞	97歲
一九二二（11年）	壬戌狗	96歲
一九二三（12年）	癸亥豬	95歲
一九二四（13年）	甲子鼠	94歲
一九二五（14年）	乙丑牛	93歲
一九二六（15年）	丙寅虎	92歲
一九二七（16年）	丁卯兔	91歲
一九二八（17年）	戊辰龍	90歲
一九二九（18年）	己巳蛇	89歲
一九三〇（19年）	庚午馬	88歲
一九三一（20年）	辛未羊	87歲
一九三二（21年）	壬申猴	86歲
一九三三（22年）	癸酉雞	85歲
一九三四（23年）	甲戌狗	84歲
一九三五（24年）	乙亥豬	83歲
一九三六（25年）	丙子鼠	82歲
一九三七（26年）	丁丑牛	81歲
一九三八（27年）	戊寅虎	80歲
一九三九（28年）	己卯兔	79歲
一九四〇（29年）	庚辰龍	78歲
一九四一（30年）	辛巳蛇	77歲
一九四二（31年）	壬午馬	76歲
一九四三（32年）	癸未羊	75歲
一九四四（33年）	甲申猴	74歲
一九四五（34年）	乙酉雞	73歲
一九四六（35年）	丙戌狗	72歲
一九四七（36年）	丁亥豬	71歲
一九四八（37年）	戊子鼠	70歲
一九四九（38年）	己丑牛	69歲
一九五〇（39年）	庚寅虎	68歲
一九五一（40年）	辛卯兔	67歲
一九五二（41年）	壬辰龍	66歲
一九五三（42年）	癸巳蛇	65歲
一九五四（43年）	甲午馬	64歲
一九五五（44年）	乙未羊	63歲
一九五六（45年）	丙申猴	62歲
一九五七（46年）	丁酉雞	61歲
一九五八（47年）	戊戌狗	60歲
一九五九（48年）	己亥豬	59歲
一九六〇（49年）	庚子鼠	58歲
一九六一（50年）	辛丑牛	57歲
一九六二（51年）	壬寅虎	56歲
一九六三（52年）	癸卯兔	55歲
一九六四（53年）	甲辰龍	54歲
一九六五（54年）	乙巳蛇	53歲

一九六六（55年）	丙午馬	52歲
一九六七（56年）	丁未羊	51歲
一九六八（57年）	戊申猴	50歲
一九六九（58年）	己酉雞	49歲
一九七〇（59年）	庚戌狗	48歲
一九七一（60年）	辛亥豬	47歲
一九七二（61年）	壬子鼠	46歲
一九七三（62年）	癸丑牛	45歲
一九七四（63年）	甲寅虎	44歲
一九七五（64年）	乙卯兔	43歲
一九七六（65年）	丙辰龍	42歲
一九七七（66年）	丁巳蛇	41歲
一九七八（67年）	戊午馬	40歲
一九七九（68年）	己未羊	39歲
一九八〇（69年）	庚申猴	38歲
一九八一（70年）	辛酉雞	37歲
一九八二（71年）	壬戌狗	36歲
一九八三（72年）	癸亥豬	35歲
一九八四（73年）	甲子鼠	34歲
一九八五（74年）	乙丑牛	33歲
一九八六（75年）	丙寅虎	32歲
一九八七（76年）	丁卯兔	31歲
一九八八（77年）	戊辰龍	30歲
一九八九（78年）	己巳蛇	29歲
一九九〇（79年）	庚午馬	28歲
一九九一（80年）	辛未羊	27歲
一九九二（81年）	壬申猴	26歲
一九九三（82年）	癸酉雞	25歲
一九九四（83年）	甲戌狗	24歲
一九九五（84年）	乙亥豬	23歲
一九九六（85年）	丙子鼠	22歲
一九九七（86年）	丁丑牛	21歲
一九九八（87年）	戊寅虎	20歲
一九九九（88年）	己卯兔	19歲
二〇〇〇（89年）	庚辰龍	18歲
二〇〇一（90年）	辛巳蛇	17歲
二〇〇二（91年）	壬午馬	16歲
二〇〇三（92年）	癸未羊	15歲
二〇〇四（93年）	甲申猴	14歲
二〇〇五（94年）	乙酉雞	13歲
二〇〇六（95年）	丙戌狗	12歲
二〇〇七（96年）	丁亥豬	11歲
二〇〇八（97年）	戊子鼠	10歲
二〇〇九（98年）	己丑牛	9歲
二〇一〇（99年）	庚寅虎	8歲
二〇一一（100年）	辛卯兔	7歲
二〇一二（101年）	壬辰龍	6歲
二〇一三（102年）	癸巳蛇	5歲
二〇一四（103年）	甲午馬	4歲
二〇一五（104年）	乙未羊	3歲
二〇一六（105年）	丙申猴	2歲
二〇一七（106年）	丁酉雞	1歲

丁酉年十二生肖整體運勢大解析

整體運勢最佳前三名

1. 一九六二（51年） 壬寅虎

今年天時地利各方面都是最佳組合，本身運勢在今年度也很旺，破除前兩年低迷的狀態，相對起來明顯變旺。

2. 一九五二（41年） 壬辰龍

今年因為龍德星降臨，整體來說非常順暢，再加上本身運勢旺，貴人也多，各方面都非常好。

3. 一九九二（81年） 壬申猴

因為流年正旺的緣故，雖然還算年輕，但有很好的發展，要積極努力打拼，把握良機，就會有成果展現。

整體運勢最差前三名

1. 一九七五（64年） 乙卯兔

今年適逢正沖，有漏財、洩氣的狀況產生，要避免投資，做事宜保守，在平穩中求成長，則可以保平安。

2. 二〇〇五（94年） 乙酉雞

今年犯太歲，太歲當頭座，無喜必有禍，建議農曆正月十五號前到廟中安太歲，祈求平安順利，減少不好的影響。

3. 一九八四（73年） 甲子鼠

本年度出生的男生，今年財、官兩不順，有漏財的狀況，官運也較不順，要避免跟他人有爭執口角，否則會導致事業出現障礙。

財運最佳前三名

1. 一九五二（41年） 壬辰龍

今年本身運勢旺，吉星龍德星照臨，在財運方面可說是如魚得水，會有明顯的收穫，但建議投資方面還是要謹慎。

2. 一九四二（31年） 壬午馬

福德星降臨，整體來說非常順暢，而且今年本身運勢旺，貴人運也旺，相輔相成之下使得財運跟著好。

3. 一九六九（58年） 己酉雞

今年雖逢太歲，但屬逢沖越發的狀態，因本身運勢旺，逆勢上升，一飛衝天，本年度要積極努力，好好把握。

財運最差前三名

1. 一九九四（83年）　甲戌狗

本年度出生的女生影響最大，有洩氣、漏財的狀況，錢財可能會有虧損，也容易受他人拖累而造成損失，建議盡量保守謹慎小心。

2. 一九九五（84年）　乙亥豬

本年度出生的朋友在運勢上會出現漏財的情形，主要是因為本身的支出，或是投資理財的問題所造成，所以在工作、投資上要留意。

3. 一九四五（34年）　乙酉雞

今年犯太歲，也有漏財的狀況，投資方面要細心考慮，避免因粗心導致破財。

事業最佳前三名

1. 一九五二（41年） 壬辰龍

今年本身運勢暢旺，加上貴人出現、龍德吉星照臨，在事業上出現最佳狀態，正在工作上打拼的朋友可以全心全意衝刺。

2. 一九六五（54年） 乙巳蛇

今年雖然有漏財的狀況，幸好有貴人相助，因此在事業上有比較多的機會往外發展，好好掌握，今日辛苦的付出是為了明天的成果而努力。

3. 一九八二（71年） 壬戌狗

本年度出生的男生，因為運勢旺，加上太陽星照臨，事業上加分非常多，雖然可能有金錢上的支出，稍微損財，不過在事業上努力會有相對的回報。

事業最差前三名

1.一九七五（64年） 乙卯兔

本年度有漏財的狀況，另外就是在想法觀念上出現狀況，也許是做了錯誤的投資或是容易產生時不我與的感覺，建議本年度低調為上。

2.一九八四（73年） 甲子鼠

本年度出生的男性，今年貴人相對來說比較少，整體而言會出現財務支出多、口角是非多的情況，記得一切以和為貴。

3.一九九四（83年） 甲戌狗

本年度出生的女生，今年發展比較辛苦，也有因自己損財，或因他人漏財的狀況，對照到事業上來說，就容易因為自己、家人、朋友的牽連，比較無法全心全意投入，出現一些狀況。做生意的朋友則謹記今年不宜擴大投資。

感情運最佳前三名

1. 一九八八（77年）　戊辰龍

今年吉星降臨，桃花特別旺，而且此桃花屬於姻緣桃花，因此無論男女今年都會有好的機會和人緣，未婚的朋友要好好把握。

2. 一九七八（67年）　戊午馬、二〇〇二（91年）壬午馬

戊午年朋友今年桃花屬於人緣桃花，可說處處左右逢源，會有好的人際關係，好好運用，不論男女在工作上都會加分。壬午年朋友今年桃花初開，有好的機會認識異性朋友。

3. 一九九二（81年）　壬申猴

今年是姻緣桃花盛開的時候，也就是說今年有很好的機會可以結識異性，未婚的朋友有結婚的好機會，已婚的朋友也有好人緣幫助事業。

感情運最差前三名

1. 一九八五（74年） 乙丑牛

今年如果是未婚的朋友可能會因為情感方面增加支出，例如花大錢送禮又得不到青睞；已婚的朋友則要防爛桃花的出現。

2. 一九七五（64年） 乙卯兔

今年如果出現桃花，則屬爛桃花的機率大些，工作場合出現的會影響到工作的表現，甚至有意外支出，例如金錢借貸或是不必要的花費。

3. 一九八四（73年） 甲子鼠的男性、一九九四（83年） 甲戌狗的女性

甲子年男性朋友今年要預防爛桃花，更要預防因此而來的是非糾紛，無論是工作場合或日常生活，都要小心交往的細節。甲戌年的女性朋友因整體運勢較不佳，桃花方面要預防出現較不好的感情狀況，謹慎挑選對象。

預防健康問題前三名

1. 一九七四（63年）　甲寅虎

今年的運勢比較不好，除漏財之外，因有凶星進入，身體方面也會受到一些影響，要注意保養、定期檢查，保持外出運動的習慣。

2. 一九九五（84年）　乙亥豬

本年度出生的朋友，今年要避免接近疾病、喪事的場合，也避免從事探險或到陰暗的地方，以防健康狀況受到影響。

3. 一九四四（33年）　甲申猴

身體會出現洩氣的狀況，導致氣不足，建議可從事晨間運動，出外走走，維持一定的運動量，注意保養，對健康有益。

預防血光意外前三名

1. 一九七五（64年） 乙卯兔

因正沖的緣故，又有洩氣的狀況，要預防意外血光之災，因此不管騎車、開車、運動、走路都要注意，也要留意健康的保養，建議可安太歲。

2. 一九四五（34年） 乙酉雞

適逢太歲年，影響比較大，要留意容易出現受傷、血光、開刀的問題，甚至會因此產生金錢的支出，建議注重保養、運動，也建議正月十五號前安太歲。

3. 一九六五（54年） 乙巳蛇

雖然今年貴人比較多，事業發展、財運皆好，但相對的支出也多，有可能是因為身體或是交通產生的血光之災，稍微注意一下，就不會有太大的問題。

丁酉年十二生肖流年、流月解析

肖鼠者運勢（22、34、46、58、70、82歲）

⊙本年運勢：

屬鼠的朋友，因為太陰星入宮，女性特別興旺，有吉星，整體運勢好，事業感情順利，特別是容易有異性貴人相助。男性運勢普通，男性今年的貴人是事業上的異性，如上司、長官，有助於事業。對女生來說可以有非常好的發展，事業、愛情都如意。男性則要避免爛桃花、不好的感情。

一九三六（25年）　丙子鼠　82歲

流年上而言運勢不錯，貴人星多，各方面尚佳，但要避免跟他人有想法觀念上的衝突，否則易有摩擦，謹守此原則即一切平安。

一九四八（37年）　戊子鼠　70歲

本命星旺，財運不錯、貴人運旺，要注意的是在投資方面比較容易遇到溝通上的問題，稍微注意一下，整題而言運勢中上。

一九六〇（49年）　庚子鼠　58歲

運勢平平，要注意健康，像呼吸、鼻子、喉嚨，睡眠品質可能比較不好，跟他人也容易有想法觀念的出入，避開這些問題，減少摩擦，則運勢可保。

一九七二（61年）　壬子鼠　46歲

算屬鼠今年運勢最好的。男生大運不錯，但要避免跟他人有溝通上的衝突，女生整體都不錯，無論事業、財運，但因今年氣勢較旺，要注意人和，圓滿的話發展更好。

一九八四（73年）　甲子鼠　34歲

不論男女今年都有桃花，男生要避免爛桃花，女生今年適婚，可以在感情上發展。除此之外算是屬鼠運勢較平的，男性一定要注意謹慎投資，避免口舌之爭，可保平安。

一九九六（85年）　丙子鼠　22歲

整體運勢平平，整年趨勢而言女生運勢由平往上，男生運勢由平往下。女生桃花旺、人際關係好，事業比較有發展。男生要避免爛桃花，避免前去聲色場所，以免迷失。若記得此原則，財庫可保。

每月運勢

平 一月運勢：本月運勢平穩，可以趁著春節期間四處走春，拜訪朋友，有可能會為事業或者感情帶來好消息喔。

凶 二月運勢：本月運勢較不佳，工作上容易與人有摩擦，要特別提防小人暗中扯後腿，凡事低調，就不會有什麼大問題。

吉 三月運勢：本月運勢一飛沖天，尤其是女性朋友很有機會受到異性貴人的提攜，工作財運都大大提升，要好好把握。

平 四月運勢：本月運勢中吉，平穩做事不要躁進，有機會可以多行善事，為自己累積福德。

凶 五月運勢：本月的你容易跟別人有意見觀念上的衝突，主管說東，你偏要向西，小心這樣會讓自己做事更不順利，退一步海闊天空。

凶 六月運勢：本月是個不適合投資的月份，有任何財務相關的規劃，都盡量先HOLD住，否則很容易因為錯誤判斷而血本無歸囉。

吉 七月運勢：本月的運勢非常好，不管做什麼事情都有貴人來相助，特別是異性朋友更是你的大貴人，甚至會因此獲得不錯的財運。

凶 八月運勢：本月你的火氣特別大，要小心不要一時衝動跟人發生衝突，有可能會帶來血光之災，記得要控制一下自己的脾氣喔。

平 九月運勢：本月運勢平平，可以到戶外走走，感情運很好的女性朋友有機會遇到心儀的對象，男性朋友就要小心爛桃花的糾纏囉。

平 十月運勢：本月運勢平吉，在這個平穩的月份裡，可以趁機調整一下自己的步調，出外走走，或者安排一個小旅行都很不錯喔。

平 十一月運勢：本月運勢平平，可以藉著今年很旺的事業運，好好衝刺一下事業，單身的朋友可以多參加聚會，有機會找到心儀的另一半喔。

吉 十二月運勢：本月運勢大好，各方面都會受到貴人的提攜，很有可能會因為長官的賞識，讓你的年終有很傲人的收穫喔。

肖牛者運勢（21、33、45、57、69、81歲）

⊙本年運勢：

屬牛的朋友今年有五鬼星，代表小人，影響較大，無論男女都應慎防小人陷害，特別是財務問題、投資方面，遇事小心查證、釐清後再決定。不過同時也有三合吉星降臨，健康、事業方面會如意，因有貴人幫忙，事業、財運順暢，考試有好的成績。但因凶星影響，會有像是主動助人反而被說三道四的情形，總之要安分守己，錢財不浪費、投資小心，不要聽信小道消息。

一九三七（26年）　丁丑牛　81歲

整體運勢不錯，本命星有貴人星助旺，再加上三合出現，事業、財運都有利，是屬牛裡面不錯的，子孫滿堂、子女孝順。要注意的是跟朋友來往，有些閒言閒語聽聽就好，不要受他人影響，保持心情愉快，健康生活。

一九四九（38年）　己丑牛　69歲

今年屬牛裡面最旺的，整體組合好，貴人助旺本命星、帶財運、事業上加分。但不建議增加投資，好好經營既有部分即可。若有從事投資者，可多參加朋友的活動，參考各方面意見，有不錯的收穫。

一九六一（50年） 辛丑牛 57歲

今年整體運勢中上，會有一點壓力，但貴人多，各方面都有助益，所以不用太擔心。整體而言好壞參半，貴人多，小人也多，凡事仔細思考，小心留意。

一九七三（62年） 癸丑牛 45歲

整體運勢持平，今年犯小人，但貴人也不少。工作場合方面保持中立狀態，不要受他人言語蠱惑而起爭執，依此原則則保平安。

一九八五（74年） 乙丑牛 33歲

運勢比較低，好壞起伏大。雖然貴人多、財運旺，但漏財的機會也多。因此要注意在投資方面避免受他人影響而投資錯誤，工作方面要避免是非糾紛。

一九九七（86年） 丁丑牛 21歲

運勢持平往上，貴人在事業、財運上有助益，但也會有小人，只是影響比較小。無論工作或交友面都盡量保持低調中立，避免無謂口舌、困擾。

每月運勢

平 一月運勢：本月運勢平平，由於今年有五鬼星入宮，趕緊趁著正月十五日之前到廟裡去祭五鬼，讓不好的影響降到最低。

平 二月運勢：本月運勢平穩，可以好好享受剛開春的好心情，順便打理好自己的人際關係，多做善事捐款，累積福德。

凶 三月運勢：本月運勢不佳，尤其要注意自己的脾氣，千萬不要跟別人有直接衝突，凡事忍耐，以免小人趁機陷害。

吉 四月運勢：本月運勢大好，總算撥雲見日，事業各方面都會有貴人幫忙，財運也不錯，但不要聽信小道消息，以免反而受害。

平 五月運勢：本月財運不太好，很有可能會有財務上的損失。任何投資、有關大筆金錢的合作都最好避免，低調保守為宜。

凶 六月運勢：本月運勢不佳，工作上容易遇到阻礙，跟人溝通不良，人際相處上容易有摩擦，跟誰都不對盤，小心提防小人暗害。

平 七月運勢：本月運勢平吉，當學生的人可以好好準備，考試會有不錯的成績。上班族則可以趁這個機會休個假，調整自己的腳步。

吉 八月運勢：本月你會感覺全世界都站在你這邊，凡事都有人會挺你，或者提供你很有用的訊息，上班族還有加薪的機會，好好把握。

凶 九月運勢：本月要小心跟同事、家人間的相處，很容易會有意見上的不合，更要提防小人暗中搧風點火，凡事忍讓低調。

平 十月運勢：本月運勢回穩，可以花點時間整理居家環境，外出購物時小心提防因為別人的三言兩語就多買了不適合的東西而破財喔。

吉 十一月運勢：本月運勢大大上升，會有不錯的財運，工作上也會順暢許多，平常的阻礙彷彿都消失不見了，但千萬不要得意忘形，以免招惹小人。

平 十二月運勢：本月運勢平平，年關將近正好適合打理家務，清清爽爽過個好年。

肖虎者運勢（20、32、44、56、68、80歲）

⊙本年運勢：

屬虎的朋友今年犯死符，疾病喪事場合少去。健康方面要特別注意，也要注意家中長輩的健康。小問題就要去看醫生，勿聽信偏方，避免小病變大病。整體運勢，守成為主，多做善事幫助別人，在健康或事業上就都會加分。

一九三八（27年）　戊寅虎　80歲

今年運勢相當旺，貴人運佳，要注意健康、飲食，避免大魚大肉，多吃蔬菜水果，留意保健、定期體檢，整體而言沒問題。

一九五〇（39年）　庚寅虎　68歲

屬虎中比較運勢低的，今年壓力比較大，不管是家人或自己的健康都比較會出現狀況，建議到寺廟中點光明燈，平時注意飲食，對整體運勢有加分。

一九六二（51年）　壬寅虎　56歲

屬虎裡頭運勢最旺的，不管在事業、財運、貴人，甚至連桃花方面都旺。但要注意的是健康，因為交際應酬機會多了，要注意飲食、飲酒的問題，盡量避免不必要的應酬。

一九七四（63年）　甲寅虎　44歲

今年運勢較低，要注意健康、財運方面的問題。投資要小心謹慎，避免漏財的狀況。健康、飲食要留意，注意保養、定期體檢。

一九八六（75年）　丙寅虎　32歲

今年整體運勢持平，不過有健康上的問題需要注意，不管是居家、出外都要注意飲食，保持良好的運動習慣、定期檢查，行事保持低調，避免與他人產生口舌爭執。

一九九八（87年）　戊寅虎　20歲

還在求學的朋友，今年是運勢不錯、愉快的一年，不管是人際關係、交友機會都好。出社會的朋友小心交通，事業、財運都滿好的，好好掌握會有不錯的發展。

每月運勢

平 一月運勢：本月運勢平平，由於今年犯凶星死符，可以趁著本月十五日之前到廟裡祭死符，把不好的影響降到最低。

平 二月運勢：本月運勢平吉，經過正月的大吃大喝，趕緊趁這個月調理身體，如果有不舒服的地方要立刻就醫，以免小病變大病。

平 三月運勢：本月運勢平穩，入春時節可以多安排與家人相處，要特別關注長輩的身體狀況，有機會多行善事，累積福德。

凶 四月運勢：本月運勢低迷，容易與人有口角爭執，甚至因此而造成金錢上的損失，千萬要特別注意，凡事低調忍讓，以免受害。

吉 五月運勢：本月運勢高升，如有健康問題的朋友，在這個月份裡容易遇到好醫生，上班族則會有貴人提攜，財務事業兩得意。

平 六月運勢：本月運勢平平，可以多利用時間充實自己，或者多到戶外走走，鍛鍊身體，增加身體的抵抗力。

凶 七月運勢：本月運勢不太好，不論是工作，或者跟人相處上都很卡，感覺全世界都要與你為敵，一不小心就跟人有摩擦，提醒自己多忍讓，就可以平安度過。

平 八月運勢：本月運勢平穩，可以安排與家人朋友聚會，培養感情，或者參加進修活動，為自己充電，都是不錯的選擇喔。

吉 九月運勢：本月運勢大好，貴人運很強，凡事都有人罩你，還有可能帶來好財運，但可別這樣就得意忘形，小心招惹小人。

中 十月運勢：本月運勢起伏很大，雖然做起事來總有貴人幫助，但是記得要好好控制自己的脾氣，否則一衝動跟人口角，就趕走好運勢了。

平 十一月運勢：本月運勢平平，適合韜光養晦，平穩度日，也可以趁機整理家務，凡事無災便是福。

平 十二月運勢：本月運勢平吉，適逢歲末，可以好好盤點這一年來的成績，好好保養身體，準備迎接新的一年。

肖兔者運勢（19、31、43、55、67、79歲）

⊙本年運勢：

屬兔的朋友今年正沖，太歲當頭，無喜必有禍，要預防血光、金錢上的消耗、官符口舌是非、破財、疾病纏身。是個勞神傷身的年份。無論男女，出外都要小心，避免血光、意外。行事低調，正月十五前到廟中安太歲、拜拜。

一九三九（28年）　己卯兔　79歲

整體運勢是屬兔裡最好的，貴人運旺。但因為正沖、歲破的關係，所以要預防血光之災。也要留意跌倒、受傷、開刀的可能。除健康之外，其餘各方面只要保持心情愉快，整體就還不錯。

一九五一（40年）　辛卯兔　67歲

今年算是運勢較低迷的，壓力會比較大，不管騎車、開車，都要特別謹慎、留意，工作上也不要壓力太大，容易導致出錯。建議正月十五前能夠安太歲。

一九六三（52年） 癸卯兔 55歲

運勢持平，留意交通意外、血光之災。要預防因為人際關係產生的問題，也有可能會有爛桃花，待人處事各方面要謹言慎行，避免引人誤會。投資方面可謹慎判斷後朝房地產方面出手。

一九七五（64年） 乙卯兔 43歲

屬兔裡頭壓力最大的，有明顯漏財的情況，甚至比去年嚴重，因為容易損財，建議不管是投資、借貸，都要盡量避免。謹記財不露白。

一九八七（76年） 丁卯兔 31歲

運勢雖有起伏，但整體而言還算持平，雖然沒有去年的狀況這麼好。建議正月十五前能夠安太歲。

一九九九（88年） 己卯兔 19歲

算是屬兔裡頭運勢最旺的，不但貴人多，各方面發展都不錯。交友、事業都好。要注意的是交通方面，騎車、開車、運動都小心，避免血光之災。

每月運勢

平 一月運勢：本月運勢平平，由於今年正沖太歲，又有官符凶星，建議在正月十五之前到廟裡安太歲，以降低不好的影響。

平 二月運勢：本月運勢平穩，趁著剛開年好好規劃工作或者進修計畫，如有外出，要特別小心行車安全，避免血光。

凶 三月運勢：本月運勢較低迷，特別是財運方面有損財的可能，投資或者購物都要謹慎，以免不小心就破財了。

平 四月運勢：本月運勢平吉，但由於今年度凶星影響，工作、處事盡量低調保守，以免招來是非，勞身傷財。

凶 五月運勢：本月好的修養對你來說非常重要，注意控制自己的情緒，否則很容易跟人有直接衝突，甚至帶來血光之災。

吉 六月運勢：本月運勢大好，凡事都有貴人相助，財運也終於逆勢上揚，享受這樣的好運道，但也不要太高調，以免招來意料之外的是非。

(平)七月運勢：本月平平，安穩度日就是福，整理家務或者到戶外走走都不錯，只是要小心交通安全，有機會多行善，累積福德。

(凶)八月運勢：本月運勢不佳，工作容易跟同事、主管意見不合，有時候放下身段，退一步反而會帶來幸運。

(吉)九月運勢：本月運勢上揚，關鍵的時候總是有不知名的貴人會幫你一把，讓你做起事來更得心應手，要好好把握喔。

(吉)十月運勢：本月運勢更上一層樓，更有加薪升官的機會，掌握機會好好表現，但也要注意身體健康，別衝過頭了。

(凶)十一月運勢：本月運勢不佳，人事的問題會讓你很頭痛，小人背地裡動作頻頻，防不勝防，所以做事要盡量低調保守，以免受害。

(平)十二月運勢：本月運勢平平，平安度日就是福，在年關將近時，更要注意忙碌中行車小心，外出一切注意，慎防血光。

肖龍者運勢（18、30、42、54、66、78歲）

⊙本年運勢：

屬龍的朋友今年有吉星龍德入宮，吉星高照，貴人運旺，事業上容易受到提拔、扶助，有加官晉爵、升官發財的機會，財運加分，也會有好的桃花出現，婚事比較容易談成。另外要注意的是避免官司、爭訟，小心飛來橫禍、破財，一切小心注意、穩紮穩打、腳踏實地，則立於不敗之地。

一九四〇（29年） 庚辰龍 78歲

今年整體運勢持平，財務方面可能有一些壓力，但貴人運旺，如果發生問題，因為有貴人的關係能迎刃而解，不需要特別擔心。

一九五二（41年） 壬辰龍 66歲

今年運勢旺，屬龍中最佳，尤其財運特別旺，其他無論健康、事業都很好，運勢上貴人多，整體來說只要行事謹慎小心，都會有很好的成績。人際、發展事業第二春，也都會有很大加分。

一九六四（53年）　甲辰龍　54歲

今年整體運勢在屬龍中算比較差，有漏財的情況，雖然有貴人，但因考量整體運勢，建議今年不要做太大的投資。可能賺的多，漏的財也多，操作上以持平為佳。

一九七六（65年）　丙辰龍　42歲

今年算是持平中後勢看漲的情況，年初開始有貴人，助旺本命星，後面運勢越來越上升，明顯轉好。不管是事業、財運，都有助益。只要各方面多留意，沒有太大的問題。

一九八八（77年）　戊辰龍　30歲

整體運勢算屬龍中的第二旺，貴人運、事業運、財運各方面都蠻不錯，相對於去年，今年吉星出現。只要積極努力，相信會有成果。投資方面量力而為即可。

二〇〇〇（89年）　庚辰龍　18歲

不管是就學的朋友，或是出社會的朋友，都會有好的成績，貴人運佳，但壓力也會較大，不管是考試或工作方面都是如此，幸好有貴人幫忙，只要多努力，不用太過擔心。

每月運勢

平 一月運勢：本月運勢平平，但因為今年福星高照，一開年就感覺好運到，可趁過年期間到廟裡拜拜或者四處走春，旺上加旺。

凶 二月運勢：本月運勢較為低迷，特別是財運方面，不管是工作上或者家務上，用錢花費都要謹慎，如果有投資規劃也盡量避開這個月份。

凶 三月運勢：本月份在人際相處上會比較辛苦，總是跟身邊的人有些摩擦，又有小人在暗中扯後腿，記得提醒自己深呼吸，低調忍讓就能平安。

平 四月運勢：本月運勢平平，適合整理家務，或者從事休閒運動，整理好自己的步調，為更健康的生活打好基礎。

平 五月運勢：本月運勢平吉，心情也感到比較輕鬆，可以多花時間與家人相處，但行車、外出還是要多加小心，也要提防衝動購物而破財。

平 六月運勢：本月運勢中上，適合好好修身養性，或者利用閒暇期間從事公益活動，都能讓自己的運勢加分。

吉 七月運勢：本月運勢大好，貴人會帶給妳許多助力，很可能會獲得加薪升官的機會，要好好把握。

吉 八月運勢：本月運勢持續旺盛，如果有心儀的對象想要求婚或者交往，都可以趁此機會告白，成功機率大增喔！

凶 九月運勢：本月運勢較差，心中滿懷想法總是被打槍，跟家人也容易有意見相左的情形，建議你不要強出頭，退一步反而機會更多。

平 十月運勢：本月份運勢平平，凡事盡量低調、保守，也可以趁此機會做學習、進修等相關的事情。

吉 十一月運勢：本月運勢高升，把握好運勢，好好在年底做最後衝刺，相信你的好表現將會為你帶來滿意的年終。

凶 十二月運勢：本月運勢較低迷，尤其是要特別控制自己的脾氣，否則一不小心就會跟人有口角，甚至打架掛彩，一定要特別注意。

肖蛇者運勢（17、29、41、53、65、77歲）

⊙本年運勢：

屬蛇者今年行運好，本命有三合，可以說今年身心安泰、財運加分，如意順遂又招財，整體運勢不錯，要稍微注意的是今年另有白虎星，要預防血光之災。無論是工作場合、外出運動、走路、搭乘交通工具等都要注意安全，也勿因小事跟他人爭執，忍耐、以和為貴，喪事場合、喪家食物少碰。建議正月十五前到廟裡制白虎、點光明燈，讓諸事順利。

一九四一（30年）　辛巳蛇　77歲

今年整體而言算是蠻好的，雖然有壓力，但因為有很多貴人，甚至帶財，所以運勢不錯。要特別注意的是心臟、呼吸的問題。留意健康、保養得宜，則問題不大。

一九五三（42年）　癸巳蛇　65歲

本年度要注意兩個部分，一是身體健康的問題，一是恐有不好的桃花，能避免盡量避免。其他方面因有貴人，所以狀況不大，但要留意不要把貴人跟桃花搞混。

一九六五（54年）　乙巳蛇　53歲

今年比較辛苦，金錢消耗比較大，幸好主貴人帶財運，算是賺得多、花費多，錢財容易左手進右手出。事業運也不錯，但是要注意健康方面的問題。

一九七七（66年）　丁巳蛇　41歲

是今年屬蛇中第二好的。本命星旺，又有貴人、財運，健康運也不錯。整體而言是非常好的一年，不管是事業、工作、投資，都要把握良機。

一九八九（78年）　己巳蛇　29歲

這一年運勢可說是如魚得水，不管事業、財運、健康、發展等各方面都是好的，受無形中的貴人幫助，效果也相當好，要把握機會。異性緣也不錯，但今年應該留意事業，婚姻先不急，靜待來年。

二〇〇一（90年）　辛巳蛇　17歲

今年壓力比較大，求學較辛苦，男女之間的交往也不那麼順遂，但還好有貴人幫忙，只要自己保持健康的心態，終能克服難關。

每月運勢

凶 一月運勢：本月份運勢比較不好，容易跟人有摩擦，又有破財的跡象，建議在農曆正月十五日之前到廟裡制白虎，讓諸事順利。

平 二月運勢：本月份運勢有所上揚，心情也稍微能夠放鬆一些，工作各方面都能感覺到沒有那麼緊繃，行有餘力也可以多參加公益活動，累積福德。

平 三月運勢：本月運勢持續平穩，安排進修、學習，都會有很大的助益，只是仍受凶星影響，凡事都要多加小心留意。

平 四月運勢：本月運勢持平，保持穩定的工作態度，慢慢累積自己的能量，凡事保守、低調，就會帶來好運氣。

平 五月運勢：本月運勢平平，可以多安排家人聚會，有空閒的時間也可以多行善積德，為自己累積正向能量。

平 六月運勢：本月運勢持續穩定，工作事業各方面只要不冒進，都沒有太大問題，只是外出不管是運動還是工作，都要小心交通安全。

中 七月運勢：本月起伏比較大，雖然有貴人幫助，讓你的財運提升不少，但是仍要小心容易與人口角，造成有形無形的損失。

吉 八月運勢：本月運勢大好，再加上吉星高照，財運、事業兩得意。可以趁此機會為自己爭取加薪。

平 九月運勢：本月運勢平平，沒有大起大落的日子就好好享受秋日，只是外出時仍要注意預防血光。

凶 十月運勢：本月運勢較低，跟身邊的人相處容易出問題，試著保持冷靜、開放的心情去溝通，就能避免爭執是非。

平 十一月運勢：本月運勢平吉，適逢年底，趁著空閒時間好好打理家務，也會讓運勢提升喔！

吉 十二月運勢：本月財運非常不錯，如果過去這一年你夠努力的話，那麼貴人會幫助你，讓你得到一份滿意的年終。

肖馬者運勢（16、28、40、52、64、76歲）

⊙本年運勢：

屬馬的朋友今年運勢不錯，有福德吉星入宮，運勢順暢，容易有貴人幫忙，工作如魚得水，但要注意小人、口舌，這兩個地方若注意一下，就不會有太大的問題，是平安順遂的一年。雖然也可能奔波辛苦，但會有收穫，事業經營面的貴人多，加分不少。

一九四二（31年）　壬午馬　76歲

算是屬馬裡頭運勢最旺的，大運而言很好，本命星旺，整體也旺。投資的運勢不錯，會有些收穫，尤其貴人星也旺，是很好的一年。

一九五四（43年）　甲午馬　64歲

屬馬的生肖裡頭算最辛苦的，有漏財、身體方面的問題，要多加注意，更要避免因身體狀況產生的漏財。今年宜保守，不要有劇烈的變動或投資。

一九六六（55年）　丙午馬　52歲

今年整體運勢好，不但本命星旺，也有貴人福德，可以說是有勞有獲的一年，因此事業、財運方面也都值得努力。

一九七八（67年）　戊午馬　40歲

是屬馬裡頭運勢第二好的，整體而言，不但有貴人星助益，還有財運降臨，事業上有很大的收穫，發展得比較順利，只要注意行程跟步調，就不會有太大的狀況。

一九九〇（79年）　庚午馬　28歲

今年壓力較大，會因為壓力的關係而有健康的問題，例如心臟、呼吸容易受到影響，睡眠的品質也會比較差，因此要留意健康，所幸有貴人星的扶助，能逢凶化吉。

二〇〇二（91年）　壬午馬　16歲

屬馬中算是運勢旺的，可能有零用錢增加、學校成績好、同儕間的人際關係提升等好運，整體而言不錯，各方面沒有太大問題，是好的一年。

每月運勢

吉 一月運勢：本月運勢佳，受到吉星高照，壓歲錢紅包非常值得期待，趁著過年期間好好去走春吸收更多好運吧！

凶 二月運勢：本月的你要小心跟別人的衝突，特別是口舌之爭，很有可能演變成大災禍，要記得多保守忍讓為宜。

平 三月運勢：本月運勢回穩，你的心情也比較輕鬆，邊享樂邊工作，行有餘力也可以多幫助別人，對運勢會加分喔！

平 四月運勢：本月運勢平平，工作事業上都沒有太大問題，做事按部就班，與人相處盡量謙和，自然凡事順利。

凶 五月運勢：本月運勢較低，人際關係要好好經營，有些爭執不要太在意，以免無形中招惹小人，讓自己做起事來更麻煩。

吉 六月運勢：本月運勢很不錯，貴人跟財運都非常好，如果有準備開始執行的計畫，不妨選在這個月份開始，會加分不少喔！

平 七月運勢：本月運勢中上，做起事來得心應手，各方面都能獲得助力，但還是要特別注意小人暗害，記得凡事低調。

平 八月運勢：本月運勢平穩，可以給自己安排一些紓壓的活動，多跟家人交流也很不錯喔！

吉 九月運勢：本月運勢非常好，做事會受到許多人的幫助，工作進展順利，有機會加薪，財運佳。

平 十月運勢：本月運勢中吉，趁這段平穩的日子好好休養生息，整理家務或者休閒旅行，都是不錯的充電活動。

凶 十一月運勢：本月份運勢較低，工作容易遭遇阻礙，有好的計劃要提出，請避開這個月份，否則很容易會被打槍。

凶 十二月運勢：本月份運勢也低迷，尤其年關將近很多採買要進行，請務必貨比三家，也不要被人三言兩語就打動，容易因此而損財。

肖羊者運勢

（15、27、39、51、63、75歲）

⊙本年運勢：

屬羊的朋友今年因天狗星入宮，要預防血光之災，騎車、外出都要小心，工作上也要多留意。另外，今年利於異地發展求財，屬羊的朋友如果有相關機會要把握。建議正月十五前到廟裡制天狗，減少凶星的影響。

一九四三（32年）　癸未羊　75歲

整體運勢普通，起頭持平，但會慢慢下滑。今年心臟、腎臟方面會比較有狀況，其他的部分沒什麼特別的問題。多留意保養、身體檢查，也要小心運動傷害、避免跌倒。

一九五五（44年）　乙未羊　63歲

今年除了要注意健康、血光之災，其他方面的運勢、財運等等都是持平的狀況。外出騎車、開車，運動都要小心，以免受傷。

一九六七（56年） 丁未羊 51歲

本命星旺，運勢發展不錯。投資雖然沒有特別獲利，但也維持在中上的狀態。偶有小小的血光，都是細微的問題，多注意即可。

一九七九（68年） 己未羊 39歲

今年整體運勢佳，本命星旺，也有貴人，財運好，事業發展不錯。要注意的是工作方面因為運勢好，所以難免奔波、勞累，因此要注意行車安全、身體健康。

一九九一（80年） 辛未羊 27歲

整體而言壓力會比較大，睡眠品質會因此受影響，呼吸系統也比較弱一點，這兩年都有類似困擾，其餘運勢方面持平。只要以健康的心態面對問題，相信辛苦中有成果。

二〇〇三（92年） 癸未羊 15歲

運勢上要特別注意預防血光之災，無論是運動、打球、行車等都要特別注意周邊環境。其他方面像是讀書、考試，都算是持平的狀態。

每月運勢

平 一月運勢：本月運勢平平，但因為受到凶星入宮的影響，建議在農曆正月十五日到廟裡制天狗，以降低凶星影響。

吉 二月運勢：本月運勢很不錯，各方面都有貴人來相助，如果有出差的機會可以好好把握，異地有利於你發展長才。但要小心出入交通，慎防血光。

平 三月運勢：本月延續上個月的好運，工作平穩順暢，可以藉機好好充實自己，有機會多行善，運勢會更加提升。

平 四月運勢：本月平穩，可以多花點時間關注自己的健康，安排一些運動課程，是很不錯的選擇。但外出要小心交通。

吉 五月運勢：本月運勢很好，貴人將為你帶來很不錯的財運，可以趁此機會好好規劃自己的財務。

平 六月運勢：本月運勢中上，不妨將注意力放置在每天的日常生活中，放鬆心情，維持良好作息，一切都會很順暢。

平 七月運勢：本月運勢平穩，適逢暑假，可以安排跟朋友一起玩樂，但還是要注意交通安全，行事謹慎。

平 八月運勢：本月運勢平平，工作上沒有太大起伏，正好趁年中之時好好盤整再出發，為下半年衝刺。

凶 九月運勢：本月運勢不佳，你容易跟人產生摩擦、口角，跟他人的不合檯面化，建議你忍讓為宜，以防血光跟小人暗害。

吉 十月運勢：本月份運勢平吉，不管做什麼事情都會有貴人來推你一把，許多案子都能順利進行，如魚得水。只是還是要小心凶星的影響，凡事謹慎為宜。

凶 十一月運勢：本月份運勢較低，要特別小心自己的荷包，不要盲目投資，也要慎防衝動購物帶來的意外破財。

凶 十二月運勢：本月份要好好管理自己的情緒，雖然跟別人有意見不合，但也不要太堅持己見，就能安穩度過年關。

肖猴者運勢（14、26、38、50、62、74歲）

⊙本年運勢：

屬猴的朋友今年要注意事業、健康方面。因為今年犯病符，身體健康容易出問題，要注意飲食，若有狀況就要盡快去看醫生，避免因小失大，導致惡化，多運動、曬太陽、出外走走，還要注意家中父母親的狀況。另外今年也有吉星入宮，利於異性交往。

一九四四（33年） 甲申猴 74歲

本年度病符星入宮，要注意疾病問題，健康、保養是重要課題，也要預防因健康問題而產生的金錢支出。別忘了要到醫院定期檢查。

一九五六（45年） 丙申猴 62歲

整體運勢不錯，本命星助旺，有些地方要稍微注意，像是投資、戶外活動產生的傷害等，其他方面就沒什麼太大的問題。

一九六八（57年） 戊申猴 50歲

屬猴裡頭運勢第二好的，也是近年來運勢最佳的一年。整體而言，今年貴人多，本命星旺，健康運也好，工作方面也可以看到成果，要把握今年多加努力。

一九八〇（69年） 庚申猴 38歲

今年是壓力比較大的一年，整體發展運勢持平，工作或金錢方面的壓力增加，只要身體保持健康，用開放的心態去面對問題，會漸入佳境。

一九九二（81年） 壬申猴 26歲

屬猴裡頭最好的，本命星旺，工作、財運都可以看到一些成果。唯一要注意是雖然各方面好，但要低調，避免引起他人的嫉妒。

二〇〇四（93年） 甲申猴 14歲

今年是壓力比較大的一年，學業、考試各方面的運勢比較弱，挑戰大，再加上健康會有小狀況產生，影響考試。建議考前一天多注意飲食，才能在考試時維持好的精神體力。

每月運勢

凶 一月運勢：本月運勢不佳，容易犯小人，再加上凶星入宮，身體健康容易出問題，年假期間不要暴飲暴食喔！

平 二月運勢：本月運勢平平，凡事按部就班，多關心家中父母的健康狀況，也要注意保養自己的健康，藉機好好規劃自己的飲食生活吧！

吉 三月運勢：本月份運勢很好，工作順利，貴人運很強，財運也不錯，可以把握這個月開啟一個新的工作項目，會有很不錯的發展。

中 四月運勢：本月運勢起伏大，一方面貴人運持續很強，但另一方面小人也在蠢蠢欲動，因此凡事要低調，不要太張揚，就能平安。

平 五月運勢：本月運勢平平，可以規劃運動計畫，好好保養身體，避免病痛。

平 六月運勢：本月運勢中上，有機會可以好好檢視人際關係，過去如果有誤會、衝突，可望在本月能有化解的機會，要好好把握。

平 七月運勢：本月運勢中上，努力工作之餘，也別忘了多放鬆，到戶外走走，或者安排一趟旅行都是不錯的選擇。

平 八月運勢：本月運勢平穩，做什麼都順暢，如魚得水，唯獨要注意不要衝過頭而忽略健康問題。

平 九月運勢：本月運勢平平，許多不順遂的狀況都能獲得紓解，安靜度日也是一種福氣。

凶 十月運勢：本月運勢較低迷，特別是財運方面，要小心無謂的花費，或者盲目投資帶來損失。

吉 十一月運勢：本月運勢很好，適逢年底工作盤整期，會有加薪升官的機會，年終也值得期待。

平 十二月運勢：本月份運勢平平，年關將近心情上比較輕鬆，保持規律的生活，飲食多注意，自然平安。

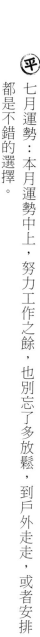

肖雞者運勢（13、25、37、49、61、73歲）

屬雞犯太歲，加上凶星入宮，要注意交通意外、血光之災，動手術的機會也可能大些。另外凡事低調、小心，不管做事或言語都要謹慎，避免過度熱心反而導致傷害。正月十五前到廟裡安太歲、點光明燈，對整體運勢有很大幫助。

⊙本年運勢：

一九四五（34年）　乙酉雞　73歲

適逢太歲年，影響最大的剛好是本年度出生的朋友，外出旅遊一切小心，健康、飲食也要留意，小心為上，建議一定要安太歲，逢凶化吉。

一九五七（46年）　丁酉雞　61歲

今年運勢持平，本命星還算旺，但太歲星當頭，很多方面要注意，像是騎車、開車、外出旅遊等，另外如果家中有喜事、買房子等，可以讓運勢加分，也可以安太歲來化解一些不好的事情。

一九六九（58年）　己酉雞　49歲

今年雖逢太歲，但因為本命星旺，呈現好的格局，貴人運、事業運等各方面反倒是越逢沖越發，是非常好的一年。

一九八一（70年）　辛酉雞　37歲

今年是壓力大的一年，因為犯太歲的關係，會比較辛苦，但如果在壓力下懂得自我調適，反倒是一個成長的機會，現在的努力是以後的基礎。

一九九三（82年）　癸酉雞　25歲

今年整體運勢不錯，會有桃花，但要稍微注意，如果沒處理好就會變成爛桃花。工作方面，異性緣會是事業上最大的助力，善用人際關係，適當發言、專心工作，會有好的成果。

二〇〇五（94年）　乙酉雞　13歲

本年度出生的朋友，在屬雞之中算是今年壓力最大的，由於考運較不好，要付出比較多的心力準備，建議安太歲以改善運勢。

每月運勢

平 一月運勢：本月運勢平平，但因為今年犯太歲，建議在農曆正月十五日前到廟裡安太歲，以保一年平安。

凶 二月運勢：本月運勢較低，做起事來阻礙很多，比較辛苦，尤其是在與人溝通方面，會遇到老是意見相左的情形，切記退一步也不壞。

吉 三月運勢：本月運勢很好，良好的貴人運會替你帶來好財運，有重大計畫可以趁這個月開始啟動。

吉 四月運勢：本月依然是運勢上揚，各方面都會受到貴人的幫助，做起事來得心應手，但因為今年犯太歲的關係，還是要低調一點喔！

平 五月運勢：本月運勢平平，凡事按部就班，做事言語都盡量謹慎，不要過度熱心，平安度日。

平 六月運勢：本月份運勢中吉，不妨乘機整理一下身邊的事物，為下個階段做準備。出入交通要特別小心。

平 七月運勢：本月運勢平平，凡事多加小心，做事低調，不要給自己太大壓力，也不要太過熱心反而導致傷害。

凶 八月運勢：本月份運勢較差，人事問題會讓你很苦惱，要多注意自己的言行，不要強出頭，以免小人暗害。

凶 九月運勢：本月運勢低迷，如果有投資、理財項目都盡量避開，否則容易造成財物損失。

平 十月運勢：本月份運勢平平，只要保持心情愉快，待人處事以和為貴，出入小心交通，就能帶來好運氣。

凶 十一月運勢：本月份運勢低，跟人溝通或者外出行車都要謹慎，否則容易因為跟人起爭執而造成血光之災。

吉 十二月運勢：本月份運勢上揚，貴人運跟財運都非常強，儘管仍有凶星的陰影，但過個好年仍然值得期待。

肖狗者運勢（24、36、48、60、72、84歲）

⊙本年運勢：

屬狗的朋友今年有太陽星入宮，對於男性而言有很大的加分，一個太陽星可化解很多凶煞，整體發展不論事業、財運、健康都有助益，也容易遇到貴人。但對已婚男性而言，要小心與事業上的異性產生感情的糾結，至於未婚的男性更要小心選擇，才會有長久的助力。女性朋友則要避免爛桃花，工作上也會比較辛苦。

一九三四（23年）　甲戌狗　84歲

整體運勢平平，支出方面會稍微多一點，造成些許壓力，建議本年度不要進行投資。秉持著只要持平就是賺的心態，另外多留意健康即可。

一九四六（35年）　丙戌狗　72歲

今年可能會有漏財、破財的可能，還好本命星有貴人助運，比較旺，只要多留意投資、買賣等相關事宜即可。

一九五八（47年） 戊戌狗 60歲

今年可以說是屬狗裡頭第二旺的，除了生活開支稍微大一些、要留意投資外，整體而言沒有太大的問題。男性的運勢會比較旺一點，女性留意消費支出即可。

一九七〇（59年） 庚戌狗 48歲

整體運勢上算屬狗裡頭比較弱的，在事業工作上承受的壓力會比較大，金錢上的支出也比較多，呈現蠟燭兩頭燒的狀況，會因此影響到身體健康，要保持輕鬆的心情去面對。

一九八二（71年） 壬戌狗 36歲

是屬狗裡頭最旺的一個，整體運勢不管是事業、財運、健康運都很不錯，男性比起女性更旺，但男性要避免前往聲色場所，專心於事業上；女性則要注意爛桃花的產生。

一九九四（83年） 甲戌狗 24歲

今年運勢不錯，事業也在衝刺階段，男性朋友的運勢強，女性比較持平。今年無形中的支出可能稍微多一點，投資易有虧損，建議把錢存下來等到適合投資的年份再規劃，或是購置不動產保值。

每月運勢

吉 一月運勢：本月運勢大好，一開春就有吉星高照，尤其男性朋友事業運更旺盛，趁著新春期間拜訪客戶，會為自己帶來好運氣。

吉 二月運勢：本月運勢佳，貴人運很強，尤其是異性友人對你的助益更大，財運也很不錯喔！

凶 三月運勢：本月份運勢低迷，各方面都不太順利，感覺跟自己唱反調的人特別多，如果要提案，盡量避開這段期間。

平 四月運勢：本月份運勢回升，心煩的事物都會舒緩下來，心情也會因此好轉，有利於調整腳步。

吉 五月運勢：本月運勢上揚，各方面都很順暢，貴人將為你帶來機會跟財運，但是已婚男性要特別注意與異性的糾結，女性朋友則要注意爛桃花。

凶 六月運勢：本月運勢不佳，跟他人的不合可能會白熱化，甚至產生直接衝突，要小心安頓自己的情緒，以免帶來不良後果。

平 七月運勢：本月運勢平平，未婚男性如果有心儀的對象，不妨提出邀約，可能會有很不錯的結果喔！

凶 八月運勢：本月運勢低迷，要特別看緊自己的荷包，不要衝動購物，也不要隨意投資，以免帶來損失。

平 九月運勢：本月份運勢平平，女性朋友工作上的辛勞可以鬆口氣，但不要因為放鬆就暴飲暴食，而造成身體的負擔影響健康。

平 十月運勢：本月份運勢平平，各方面的問題都有機會獲得解決，讓你的心情也跟著愉快起來。

平 十一月運勢：本月運勢中上，適合好好修身養性，或者利用閒暇期間從事公益活動，都能讓自己的運勢加分。

凶 十二月運勢：本月運勢差，行事要特別謹慎，避免小人暗中陷害，女性朋友要特別注意爛桃花的糾纏。

肖豬者運勢（23、35、47、59、71、83歲）

⊙本年運勢：

屬豬的朋友今年坐喪門星，避免探病、喪事場合，也要小心家中發生類似情況。要多幫助他人，多做善事，對自己有比較大的加分，也可以避免親人發生問題。今年要注意不適合遠行或處在偏僻、離群索居、聯絡不方便的地方，這樣對本年的整體比較有利。

一九三五（24年）　乙亥豬　83歲

今年要留意，整體來看有漏財的趨勢，不適合做任何投資，建議身體方面的保養多注意，以免因為疏忽而造成更多支出。盡量避免前往喪事場合，避開影響。

一九四七（36年）　丁亥豬　71歲

整體運勢持平，可能會有一些身體方面的狀況，因此平時保養、定期檢查很重要，其餘方面沒有什麼大的問題。多多行善，增加福份。

一九五九（48年）　己亥豬　58歲

今年整體運勢不錯，本身貴人運很旺，事業、財運整體而言都不錯，不過要注意家人的身體健康問題，多陪陪家人出外走走、運動，既培養家人感情也促進健康。

一九七一（60年）　辛亥豬　47歲

今年處於壓力比較大的狀態，可能在工作方面，長輩上司或工作本身都帶來壓力，因此要培養良好的心態，適時紓壓，算是有勞有成的一年。

一九八三（72年）　癸亥豬　35歲

整體運勢不錯，雖然比起去年會稍微辛苦一點點，桃花的方面要特別注意，避免因為爛桃花的關係造成麻煩，可在事業上多用心、認真工作。

一九九五（84年）　乙亥豬　23歲

本年度出生的朋友事業剛起步，各方面支出也會比較多，財運比較弱，不適合投資，除此之外都還不錯，一步一腳印，本年度是打拼的好時機。

每月運勢

中 一月運勢：本月運勢起伏大，既有貴人幫助，財運也不錯，但相對地凶星的影響也不小，可以趁著過年期間到廟裡祈求好運。

吉 二月運勢：本月運勢佳，貴人運強，也會為你帶來好財運，不妨趁這段時間開啟一年的新計畫，會比較容易推展順利。

平 三月運勢：本月份運勢平平，但因為凶星的影響，如果要遠行或者外出要特別注意安全，多加小心留意。

凶 四月運勢：本月運勢低迷，與人提案談合作，或者人際溝通上都容易卡關，注意自己的言語，不要太堅持己見，退一步海闊天空。

平 五月運勢：本月份運勢平平，凡事盡量低調、保守，也可以趁此機會韜光養晦，很適合做學習、進修等相關的事情。

吉 六月運勢：本月份運勢很強，做什麼事情都有人會幫你一把，讓你如魚得水，如果有機會，也多幫幫他人，會為自己的運勢更加分。

凶 七月運勢：本月運勢較低，有可能會遭遇到財務的損失，不要隨便聽信他人盲目投資，很容易造成荷包失血。

平 八月運勢：本月份運勢回穩，只要按部就班，就不會有太大問題。但要避免探病、喪事場合，降低凶星影響。

平 九月運勢：本月運勢中上，可以安排與家人相聚，享受天倫之樂，或整理家務也都是很不錯的喔！

凶 十月運勢：本月份運勢較低，小人蠢蠢欲動，切記行事低調保守，言詞謹慎不與人爭，就可以平安度過。

平 十一月運勢：本月運勢持平，保持穩定的工作態度，慢慢累積自己的能量，就會帶來好運氣。

平 十二月運勢：本月份運勢持平，年關將近，不管是居家打掃，採買年貨，都能為你帶來好心情，開心迎接新年。

二

丁酉年命名大全

姓名學概述

漢字是相當獨特的一種文字，與西方字母不同，漢字是由一筆一畫構成的方塊文字。一個方塊字裡頭，不僅有「象」、有「數」、有「音」也有「義」，亦即《說文解字》提到的：「象形、指事、會意、形聲、轉注、假借。」

從姓名學的角度來說，八字走的是先天命，名字走的是後天運。漢字中的每一個部分都與陰陽五行有所呼應。所以在中國古代，人們便會利用漢字來占卜吉凶禍福，可見漢字不只是單純的文字，更包含著無數的資訊與深意。因此運用在名字上面，對於一個人的影響之大，就不得不謹慎。名字的好壞，關係一個人一生的事業、婚姻、健康乃至親子關係的優劣。

傳統姓名學認為姓名的組合，要考慮許多面向，包括字義、屬性組合、三才、五行、筆劃、生肖、甲骨、八字……要判斷一個人的姓名是否適合，對運勢是否有加分，有兩個重要的步驟：

1先排出正確的姓名筆劃。

2針對人格、地格、外格、總格的筆劃來判斷。

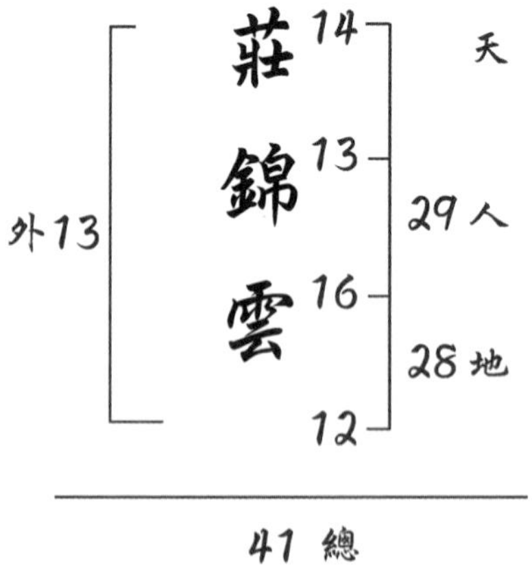

丁酉年出生者命名注意事項

●適合的部首

「丙」「丁」「戊」「己」的部首

今年是丁酉年，天干丁屬火，所以如果配上同樣屬火的「丙」、「丁」，代表有助旺本命星的效果。「丙」代表的是大火指太陽，「丁」代表的是小火指月亮，都是適合的部首。另外，火生土，因此屬土的「戊」、「己」的部首，也會助旺到今年出生者的本命星。

「牛」「丑」「巳」「虫」「龍」「辰」的部首

今年是丁酉年，地支屬酉，生肖為雞。基本上，牛、蛇、雞在生肖上形成三合的格局，三合主貴人、帶財運，因此丑（牛）、巳（虫）這些部首，用在不同的位置上都能特別加分。另外，龍（辰）與雞是六合格局，主暗貴人帶財運，是加分第二多的組合。

「米」「虫」的部首

「米」與「虫」，這些都是雞的主要糧食，用在姓名上對於運勢的加分較多，代表有東西吃，暗示家運興旺，不愁吃穿。

「木」「禾」「田」「草」的部首

這幾個部首，都是雞經常活動的地方，田間有米、麥等糧食可吃，草叢樹下則有蟲子等食物，樹也可以當作雞棲息的地方，暗示身邊物資充裕，良禽可擇木而居、食物不虞匱乏，福祿名利雙收。

「月」的部首

「月」字代表肉，雞吃蟲，屬肉類，也暗示食物不虞匱乏。

「宀」「八」「山」的部首

寶蓋（宀）、斜蓋（八）等部首，寶蓋代表家裡、斜蓋代表倉庫，對屬雞者來說，是能夠擁有良好的居住環境，有遮風避雨的地方，使用這幾個部首的字，會有加分的效果。而「山」字旁的字，代表開闊的居住環境、活動場合，雞可以在其中自由活動、發揮，也是適合使用的字。

●不適合的部首

「庚」「辛」「壬」「癸」的部首

今年的天干為丁，丁屬火，五行上來說水剋火、火剋金。壬、癸屬水，水火相沖，所以天干中的「壬」、「癸」都是不適合的。另外，「庚」、「辛」屬金，相剋性雖然沒有「壬」、「癸」來得大，基本上都不適合使用，尤其字放置的位置不同，會帶來不一樣的影響，比如放在第一個字，就會影響到事業，放在第二個字，影響的是婚姻。

「子」「卯」「酉」「隹」「狗」「犬」「戌」的部首

今年的地支為酉，生肖屬雞。傳統上認為十二生肖有刑沖破害的關係，十二生肖中，雞與雞是相刑，意味著容易產生摩擦、意見不合，所以「酉」、「隹」等部首都不適合使用，會帶來減分的效果。雞與鼠則是相破，意味著容易產生爭執，因此有「子」、「鼠」的部首不適合使用。雞與兔是相沖，暗示想法觀念不合，也容易有爭端，帶有「卯」部首的字，會有減分的效果。狗在十二生肖跟雞為相害，害是代表損財，因此「犬」、「戌」，也是不適合屬雞者使用的部首。

「刀」「匕」「力」「刂」的部首

針對屬雞來說，帶刀的這些組合都是殺雞的工具，因此見刀暗示會犧牲。這也是屬雞者取名要避免的用字。

「皿」「糸」「車」「馬」「石」的部首

這五個部首是屬雞者最忌諱的。「皿」、「血」都屬於減分，因皿字藏血、古代殺雞用器皿藏血，暗示會有血光之災。「糸」字則代表繩子，是用來抓雞、捆雞，意味著發展會受到限制，不適合使用。「車」、「馬」、「石」這幾個字，對屬雞者來說，會影響身體健康方面，對工作運勢而言，也比較不順都要避免使用。

「日」的部首。

「日」字是比較特殊的狀況，因為「日」對屬雞的人有加分，日出時雞啼，那是雞最神氣的時候，姓名學上意味著智勇雙全。但相對地有句話說「月移花影」，因為雞屬淺眠，一直在等天亮，雖然日出時很神氣，但維持的時間不久，等待的時間又很漫長，加上淺眠，所以月亮、樹影移動都會驚動牠，意味著幼年多災，性剛果斷，個性強、身體健康不佳。好壞相加之後，這個日字加少扣多，所以也不適合使用。

男生

正月生 犯重婚，命名時在筆畫、字義上都要特別留意。

五月生 帶桃花，婚姻感情上比較易有不順。

六月生 帶鐵掃，結婚時要做金屬製的掃把，然後束諸高閣來化解。

七月生 犯亡神煞，疾病喪事盡量不要參加。

十月生 孤獨格，取名要小心，以免造成孤僻。

十一月生 犯破月，對婚姻感情有影響。

女生

二月生 再嫁，命名時在筆劃數、字義上，都要特別留意。

四月生 犯破月，對婚姻感情有影響。

五月生 帶桃花，但此處桃花代表爛桃花比較多，要小心。

六月生 帶寡宿，對婚姻關係比較有影響。

七月生 犯亡神煞，疾病喪事盡量不要參加。

九月生 帶鐵掃，結婚時要做金屬做的掃把，然後束諸高閣來化解。

姓名八十一數之吉凶靈動表

筆劃數	吉凶	詩評
一劃	吉	大展鴻圖，信用得固，無遠弗屆，可獲成功。
二劃	凶	根基不固，搖搖欲墜，一盛一衰，勞而無功。
三劃	吉	根深蒂固，蒸蒸日上，如意吉祥，百事順遂。
四劃	凶	坎坷前途，苦難折磨，非有毅力，難望成功。
五劃	吉	陰陽和合，生意興隆，名利雙收，後福重重。
六劃	吉	萬寶雲集，天降幸運，立志奮發，可成大功。
七劃	吉	專心經營，和氣致祥，排除萬難，必獲成功。
八劃	吉	努力發達，貫徹志望，不忘進退，成功可期。
九劃	凶	雖抱奇才，有才無命，獨營無力，財力難望。

筆劃數	吉凶	詩評
十劃	凶	烏雲遮月，暗淡無光，空費心力，徒勞無功。
十一劃	吉	草木逢春，枯葉沾露，穩健著實，必得人望。
十二劃	凶	薄弱無力，孤立無搖，外祥內苦，謀事難成。
十三劃	吉	天賦吉運，能得人望，善用智慧，必獲成功。
十四劃	大凶	忍得苦難，必有後福，是成是敗，惟靠堅毅。
十五劃	吉	謙恭做事，外得人和，大事成就，一定興隆。
十六劃	吉	能獲眾望，成就大業，名利雙收，盟主四方。
十七劃	吉	排除萬難，有貴人助，把握時機，可得成功。
十八劃	吉	經商做事，順利昌隆，如能慎始，百事亨通。

十九劃	**大凶**	成功雖早，慎防空虧，內外不合，障礙重重。
二十劃	**大凶**	智高志大，歷盡艱難，焦心憂勞，進退兩難。
二十一劃	**吉**	專心經營，善用智慧，霜雪梅花，春來怒放。
二十二劃	**凶**	秋草逢霜，懷才不遇，憂愁怨苦，事不如意。
二十三劃	**吉**	旭日昇天，名顯四方，漸次進展，終成大業。
二十四劃	**吉**	錦繡前程，須靠自力，多用智謀，能奏大功。
二十五劃	**吉**	天時地利，再得人和，講信修睦，即可成功。
二十六劃	**凶**	波瀾起伏，千變萬化，凌駕萬難，必可成功。
二十七劃	**凶帶吉**	一成一敗，一盛一衰，惟靠謹慎，可守成功。
二十八劃	**大凶**	魚臨旱地，難逃惡運，此數大凶，不如更名。
二十九劃	**吉**	如龍得雲，青雲直上，智謀奮進，才略奏功。

三十劃	**凶**	吉凶參半，得失相伴，投機取巧，如賽一樣。
三十一劃	**吉**	此數大吉，名利雙收，漸進向上，大業成就。
三十二劃	**吉**	池中之龍，風雲際會，一躍上天，成功可望。
三十三劃	**吉**	不可意氣，善用智慧，如能慎始，必可昌隆。
三十四劃	**大凶**	災難不絕，難望成功，此數大凶，不如更名。
三十五劃	**吉**	中吉之數，進退保守，生意安穩，成就可期。
三十六劃	**凶**	波瀾重疊，常陷窮困，動不如靜，有才無命。
三十七劃	**吉**	逢凶化吉，吉人天相，風調雨順，生意興隆。
三十八劃	**凶帶吉**	名雖可得，利則難獲，藝界發展，可望成功。
三十九劃	**吉**	雲開見月，雖有勞碌，光明坦途，指日可期。
四十劃	**吉帶凶**	一盛一衰，浮沉不定，知難而退，自獲天佑。

筆劃數	吉凶	詩評
四十一劃	吉	天賦吉運，德望兼備，繼續努力，前途無限。
四十二劃	吉帶凶	事業不專，十九不成，專心進取，可望成功。
四十三劃	吉帶凶	雨夜之花，外祥內苦，忍耐自重，轉凶為吉。
四十四劃	凶	雖用心計，事難遂願，貪功好進，必招失敗。
四十五劃	吉	楊柳遇春，綠葉發枝，衝破難關，一舉成名。
四十六劃	凶	坎坷不平，艱難重重，若無耐心，難望有成。
四十七劃	吉	有貴人助，可成大業，圓滿無疑，福及子孫。
四十八劃	吉	美化豐實，鶴立雞群，名利俱全，繁榮富貴。
四十九劃	凶	遇吉則吉，遇凶則凶，惟靠謹慎，逢凶化吉。
五十劃	吉帶凶	吉凶互見，一成一敗，凶中有吉，吉中有凶。

筆劃數	吉凶	詩評
五十一劃	吉帶凶	一盛一衰，沉浮不常，自重自處，可保平安。
五十二劃	吉	草木逢春，枯葉沾露，福自天降，財源廣進。
五十三劃	吉帶凶	盛衰參半，外祥內苦，先吉後凶，先凶後吉。
五十四劃	大凶	雖傾全力，難望成功，此數大凶，最好改名。
五十五劃	吉帶凶	外觀隆昌，內隱禍患，克服難關，開出泰運。
五十六劃	凶	事與願違，終難成功，欲速不達，有始無終。
五十七劃	吉	努力經營，時來運轉，曠野枯草，春來花開。
五十八劃	凶帶吉	半凶半吉，沉浮多端，始凶終吉，能保成功。
五十九劃	凶	遇事猶疑，難望成事，大刀闊斧，始可有成。
六十劃	凶	黑暗無光，心迷意亂，出爾反爾，難定方針。

六十一劃	**吉帶凶**	雲遮半月，百隱風波，應自謹慎，始保平安。
六十二劃	**凶**	煩悶懊惱，事事難展，自防災禍，始免困境。
六十三劃	**吉**	萬物化育，繁榮之象，專心一意，必能成功。
六十四劃	**凶**	見異思遷，十九不成，徒勞無功，不如更名。
六十五劃	**吉**	吉運自來，能享盛名，把握機會，必獲成功。
六十六劃	**凶**	黑夜漫長，進退維谷，內外不和，信用缺乏。
六十七劃	**吉**	時來運轉，事事如意，功成名就，富貴自來。
六十八劃	**吉**	思慮周詳，計畫力行，不失先機，可望成功。
六十九劃	**凶**	動搖不安，常陷逆境，不得時運，難得利潤。
七十劃	**凶**	慘淡經營，難免貧困，此數不吉，最好改名。
七十一劃	**吉帶凶**	吉凶參半，惟賴勇氣，貫徹力行，始可成功。

七十二劃	**凶**	利害混集，凶多吉少，得而復失，難以安順。
七十三劃	**吉**	安樂自來，自然吉祥，力行不懈，終必成功。
七十四劃	**凶**	利不及費，坐食山空，如無智謀，難望成功。
七十五劃	**吉帶凶**	吉中帶凶，欲速不達，進不如守，可保安祥。
七十六劃	**大凶**	此數大凶，破產之象，宜速改名，以避厄運。
七十七劃	**吉帶凶**	先苦後甘，先甘後苦，如能守成，不致失敗。
七十八劃	**吉帶凶**	有得有失，華而不實，須防劫財，始保平安。
七十九劃	**凶**	如走夜路，前途無光，希望不大，勞而無功。
八十劃	**吉帶凶**	得而復失，枉費心機，守成無貪，可保安穩。
八十一劃	**吉**	最極之數，還本歸元，能得繁榮，發達成功。

丁酉年出生者適合職業解析

傳統的風水觀念中，認為這世界上的萬物都是由「金木水火土」所構成，這五行的「相生」、「相剋」，構成了萬物的變化。五行對照的不僅是天上的星辰與地上的物質，在傳統風水觀念中，方位、數字、顏色、時間、乃至人體構造與職業，都有各自的五行屬性。

在「五行」的觀念中，每個人也有各自的「五行屬性」，一旦了解所屬的五行，便可知道自己目前所從事的學習或職業，是不是符合本身的屬性，也可以依此作為對於未來規劃的參考。

對於家長來說，找出小孩子的性向往往是困難的一件事，如果能夠從小就找出適合孩子發展的方向，並適切地輔助引導孩子，對於孩子日後的學習或是就業都容易產生加分的作用。

簡單的說，在一開始挑選科系或職業上，如果能夠依照「五行相生」的原則，避開相剋的情形，不僅讀書與工作能事半功倍，也比較容易獲得好的發展與機會。如果正處於人生的十字路口，也可以依此原則來看看是否需要轉換跑道。

讀者可從下頁之「丁酉年曆」中找出出生時的「干支日」，再依據「日干與五行對照」，便能推算出今年出生之人所代表之「易經卦象」。

而在「適合職業」的判定上，則須同時將「出生季節」考慮進去，對出生季節的判定，是以農民曆中的「節氣」為基準。將一年以「立春」、「立夏」、「立秋」、「立冬」這四個日子區分為春夏秋冬四個季節，如在「立夏」後、「立秋」前出生者，其出生季節即為「夏」。

出生日期與易經卦象對照表

出生日期	易經卦象
日干 甲、乙	木
日干 丙、丁	火
日干 戊、己	土
日干 庚、辛	金
日干 壬、癸	水

若是出生於「交節氣」的當天又怎麼計算呢？事實上「交節氣」是指太陽在某個時間點開始走入下一個節氣，所以是以「某日某時」為時間點，過了交節氣該日的該時辰之後，才轉為下一個季節。

而同一屬性，出生季節卻不同的人，在特性上便會有所不同。例如：「火」可以代表火焰，夏天已為躁熱的天氣型態，此時若再不小心火燭，恐因「木」材助燃而釀成火災。因此「夏月之火」便不適合「木」。但如果是「冬月之火」，由於「火」在寒冷的冬日裡顯得微弱，不容易燃燒起來，若是加了「木」材就能燃燒得更旺，藉以取暖過冬。所以季節與屬性的搭配十分重要。

找出孩子所屬的「四時屬性」後，便可以對照「出生季節卦象與適合職業對照表」，找出最適合的職業屬性，再從下面的「五行職業列表」中，就可以找到最適合孩子的發展方向了。

●屬金性行業

與金（金屬、工具、金錢）相關行業：

金銀珠寶業經銷販售、金屬業、貴金屬；五金礦業、冶金、工程、開礦、伐木、刀模、機械、兵工廠、機車行、汽車維修、鎖匙行、修鞋、五金行、武術、音響店、手機行、鐘錶行、眼鏡行、玻璃明鏡店、鋁門窗製作、獎牌徽章店、電器經銷販售、電子器材經銷販售；金融、貿易、經濟、會計、銀行、證券、基金會、彩券行、租車行、網咖、電腦美工設計、動畫師、電話交友、打字員。

屬堅硬性、主動性、主宰性之行業：

軍人、警察、保全、大樓管理員、警衛、討債公司、催帳員、徵信社、外勤公務員、運動、科學、科技、大法官、民意代表、交通事業、司機、鑑定業。

●屬木性行業

與木（木材、紙筆布料、藥材）相關行業：

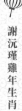

木材、林業、木工、傢俱、裝潢、木器製造業、特殊動植物生長之學者、植物栽種實驗人員、種植花草樹果業、茶葉種植販售；造紙、纖維、紡織、文具行、影印店、出版社、文藝界、文化事業編輯、作家、校稿員、內勤公務人員、司法警政人員、保健醫療器材、保健衛生、健康食品、醫生、藥劑師、護士、按摩師。

屬心靈導引、潛移默化之行業：

僧侶、教授、教師、心理醫師、命理師、舞蹈老師、比丘、比丘尼。

●屬水性行業

與水（水、海河、冰）相關行業：

水利、航海業、消防業、溫泉業、酒類經銷販售、醬油、浴室、清潔人員；釣具、泳具、水產、漁貨、船員、漁具相關行業；冷飲業、冷凍、冷藏食品、日本料理、飲茶室、冰果室、冷氣。

屬流動性之行業：

流動性之攤販、外交人員、業務人員、仲介、旅遊業、玩具販售、魔術師、特技人員、特殊表演業、遊樂場、電影院、搬家業、送報員、派報員、送羊（牛）奶員、跑單幫、市調人員（問卷訪問、計次人員）、空勤人員、記者、偵探、演藝業、服務業（餐廳、飲食店、喫茶店、酒家、酒吧、接待業、旅館）、劇團、自由業、行銷企劃人員、研究、調查、分析。

●屬火性行業

與火（火、光、熱、電）相關行業：

冶金、化學、瓦斯、高溫物品、高溫餐飲業廚師、外燴廚師、食品業；照明設備、放映師、錄音師、攝影師、相片館、攝影器材販售、製片業、燈光師；手工藝品、機械加工、食物模型製作、陶瓷製造、工藝、玩具製造、理燙髮業、美容瘦身、修護業、印製業、油品、酒類釀造、汽鍋、暖氣；電氣（發電、機具、工廠）。

具影響性之行業：

評論家、心理學家、演說家、文學（文學研究出版經銷、語文學）、排版、雜誌、新聞、傳播媒體、廣告業、舞台燈光音響、招牌、法律、繪畫、樂器、地毯、窗簾、服飾、衣帽、服裝設計、圖案、裝飾、美工、美術、化妝、美容業、登山用品、玩具槍店、百貨業、百元商店、雕刻、古董。

●屬土性行業

與土（土地、土木）相關行業：

畜牧業、蔬果販賣商、農畜百業、農業、林業、園藝、礦業、運輸、倉儲、房地產買賣、當舖、古董家、鑑定師、仲介業、代書、律師、法官、管理、設計、顧問、秘書、會計人員、會計師；水泥業、建築業（木工、水泥工、粗工）、垃圾場、停車場、水晶販售、陶瓷、碗盤販售、防水事業、製糊業。

與喪葬有關行業：

葬儀社、靈骨塔、宗教人員、以及所有宗教行業包括金燭店、車鼓陣、誦經團。

106年2月		106年1月		國曆
正月小		丙申年十二月大		農曆
壬寅		辛丑		干支
2月18日 雨水戌時 19時31分	2月3日 立春子時 23時34分	1月20日 大寒卯時 5時24分	1月5日 小寒午時 11時56分	節氣 （國曆）
支干	農曆正月	支干	農曆十二月	國曆
己未	初五	戊子	初四	1
庚申	初六	己丑	初五	2
辛酉	初七	庚寅	初六	3
壬戌	初八	辛卯	初七	4
癸亥	初九	壬辰	初八	5
甲子	初十	癸巳	初九	6
乙丑	十一	甲午	初十	7
丙寅	十二	乙未	十一	8
丁卯	十三	丙申	十二	9
戊辰	十四	丁酉	十三	10
己巳	十五	戊戌	十四	11
庚午	十六	己亥	十五	12
辛未	十七	庚子	十六	13
壬申	十八	辛丑	十七	14
癸酉	十九	壬寅	十八	15
甲戌	二十	癸卯	十九	16
乙亥	廿一	甲辰	二十	17
丙子	廿二	乙巳	廿一	18
丁丑	廿三	丙午	廿二	19
戊寅	廿四	丁未	廿三	20
己卯	廿五	戊申	廿四	21
庚辰	廿六	己酉	廿五	22
辛巳	廿七	庚戌	廿六	23
壬午	廿八	辛亥	廿七	24
癸未	廿九	壬子	廿八	25
甲申	二月	癸丑	廿九	26
乙酉	初二	甲寅	三十	27
丙戌	初三	乙卯	正月	28
		丙辰	初二	29
		丁巳	初三	30
		戊午	初四	31

丁酉年年曆

國曆	106 年 4 月		106 年 3 月	
農曆	三月小		二月大	
干支	甲辰		癸卯	
節氣（國曆）	4 月 20 日 穀雨卯時 5 時 27 分	4 月 4 日 清明亥時 22 時 17 分	3 月 20 日 春分酉時 18 時 29 分	3 月 5 日 驚蟄酉時 17 時 33 分
國曆	支干	農曆三月	支干	農曆二月
1	戊午	初五	丁亥	初四
2	己未	初六	戊子	初五
3	庚申	初七	己丑	初六
4	辛酉	初八	庚寅	初七
5	壬戌	初九	辛卯	初八
6	癸亥	初十	壬辰	初九
7	甲子	十一	癸巳	初十
8	乙丑	十二	甲午	十一
9	丙寅	十三	乙未	十二
10	丁卯	十四	丙申	十三
11	戊辰	十五	丁酉	十四
12	己巳	十六	戊戌	十五
13	庚午	十七	己亥	十六
14	辛未	十八	庚子	十七
15	壬申	十九	辛丑	十八
16	癸酉	二十	壬寅	十九
17	甲戌	廿一	癸卯	二十
18	乙亥	廿二	甲辰	廿一
19	丙子	廿三	乙巳	廿二
20	丁丑	廿四	丙午	廿三
21	戊寅	廿五	丁未	廿四
22	己卯	廿六	戊申	廿五
23	庚辰	廿七	己酉	廿六
24	辛巳	廿八	庚戌	廿七
25	壬午	廿九	辛亥	廿八
26	癸未	四月	壬子	廿九
27	甲申	初二	癸丑	三十
28	乙酉	初三	甲寅	三月
29	丙戌	初四	乙卯	初二
30	丁亥	初五	丙辰	初三
31			丁巳	初四

106年6月		106年5月		國曆
五月小		四月大		農曆
丙午		乙巳		干支
6月21日 夏至午時 12時24分	6月5日 芒種戌時 19時37分	5月21日 小滿寅時 4時31分	5月5日 立夏申時 15時31分	節氣 （國曆）
支干	農曆五月	支干	農曆四月	國曆
己未	初七	戊子	初六	1
庚申	初八	己丑	初七	2
辛酉	初九	庚寅	初八	3
壬戌	初十	辛卯	初九	4
癸亥	十一	壬辰	初十	5
甲子	十二	癸巳	十一	6
乙丑	十三	甲午	十二	7
丙寅	十四	乙未	十三	8
丁卯	十五	丙申	十四	9
戊辰	十六	丁酉	十五	10
己巳	十七	戊戌	十六	11
庚午	十八	己亥	十七	12
辛未	十九	庚子	十八	13
壬申	二十	辛丑	十九	14
癸酉	廿一	壬寅	二十	15
甲戌	廿二	癸卯	廿一	16
乙亥	廿三	甲辰	廿二	17
丙子	廿四	乙巳	廿三	18
丁丑	廿五	丙午	廿四	19
戊寅	廿六	丁未	廿五	20
己卯	廿七	戊申	廿六	21
庚辰	廿八	己酉	廿七	22
辛巳	廿九	庚戌	廿八	23
壬午	六月	辛亥	廿九	24
癸未	初二	壬子	三十	25
甲申	初三	癸丑	五月	26
乙酉	初四	甲寅	初二	27
丙戌	初五	乙卯	初三	28
丁亥	初六	丙辰	初四	29
戊子	初七	丁巳	初五	30
		戊午	初六	31

丁酉年年曆

國曆	106年8月		106年7月	
農曆	閏六月大		六月小	
干支			丁未	
節氣（國曆）	8月23日 處暑卯時 6時20分	8月7日 立秋申時 15時40分	7月22日 大暑子時 23時15分	7月7日 小暑卯時 5時51分
國曆	支干	農曆閏六月	支干	農曆六月
1	庚申	初十	己丑	初八
2	辛酉	十一	庚寅	初九
3	壬戌	十二	辛卯	初十
4	癸亥	十三	壬辰	十一
5	甲子	十四	癸巳	十二
6	乙丑	十五	甲午	十三
7	丙寅	十六	乙未	十四
8	丁卯	十七	丙申	十五
9	戊辰	十八	丁酉	十六
10	己巳	十九	戊戌	十七
11	庚午	二十	己亥	十八
12	辛未	廿一	庚子	十九
13	壬申	廿二	辛丑	二十
14	癸酉	廿三	壬寅	廿一
15	甲戌	廿四	癸卯	廿二
16	乙亥	廿五	甲辰	廿三
17	丙子	廿六	乙巳	廿四
18	丁丑	廿七	丙午	廿五
19	戊寅	廿八	丁未	廿六
20	己卯	廿九	戊申	廿七
21	庚辰	三十	己酉	廿八
22	辛巳	七月	庚戌	廿九
23	壬午	初二	辛亥	閏六月
24	癸未	初三	壬子	初二
25	甲申	初四	癸丑	初三
26	乙酉	初五	甲寅	初四
27	丙戌	初六	乙卯	初五
28	丁亥	初七	丙辰	初六
29	戊子	初八	丁巳	初七
30	己丑	初九	戊午	初八
31	庚寅	初十	己未	初九

106年10月		106年9月		國曆
八月大		七月小		農曆
己酉		戊申		干支
10月23日 霜降未時 13時27分	10月8日 寒露巳時 10時22分	9月23日 秋分寅時 4時02分	9月7日 白露酉時 18時39分	節氣 （國曆）
支干	農曆八月	支干	農曆七月	國曆
辛酉	十二	辛卯	十一	1
壬戌	十三	壬辰	十二	2
癸亥	十四	癸巳	十三	3
甲子	十五	甲午	十四	4
乙丑	十六	乙未	十五	5
丙寅	十七	丙申	十六	6
丁卯	十八	丁酉	十七	7
戊辰	十九	戊戌	十八	8
己巳	二十	己亥	十九	9
庚午	廿一	庚子	二十	10
辛未	廿二	辛丑	廿一	11
壬申	廿三	壬寅	廿二	12
癸酉	廿四	癸卯	廿三	13
甲戌	廿五	甲辰	廿四	14
乙亥	廿六	乙巳	廿五	15
丙子	廿七	丙午	廿六	16
丁丑	廿八	丁未	廿七	17
戊寅	廿九	戊申	廿八	18
己卯	三十	己酉	廿九	19
庚辰	九月	庚戌	八月	20
辛巳	初二	辛亥	初二	21
壬午	初三	壬子	初三	22
癸未	初四	癸丑	初四	23
甲申	初五	甲寅	初五	24
乙酉	初六	乙卯	初六	25
丙戌	初七	丙辰	初七	26
丁亥	初八	丁巳	初八	27
戊子	初九	戊午	初九	28
己丑	初十	己未	初十	29
庚寅	十一	庚申	十一	30
辛卯	十二			31

丁酉年年曆

國曆	106 年 12 月		106 年 11 月	
農曆	十月大		九月小	
干支	辛亥		庚戌	
節氣（國曆）	12 月 22 日 冬至子時 0 時 28 分	12 月 7 日 大雪卯時 6 時 33 分	11 月 22 日 小雪午時 11 時 05 分	11 月 7 日 立冬未時 13 時 38 分
國曆	支干	農曆十月	支干	農曆九月
1	壬戌	十四	壬辰	十三
2	癸亥	十五	癸巳	十四
3	甲子	十六	甲午	十五
4	乙丑	十七	乙未	十六
5	丙寅	十八	丙申	十七
6	丁卯	十九	丁酉	十八
7	戊辰	二十	戊戌	十九
8	己巳	廿一	己亥	二十
9	庚午	廿二	庚子	廿一
10	辛未	廿三	辛丑	廿二
11	壬申	廿四	壬寅	廿三
12	癸酉	廿五	癸卯	廿四
13	甲戌	廿六	甲辰	廿五
14	乙亥	廿七	乙巳	廿六
15	丙子	廿八	丙午	廿七
16	丁丑	廿九	丁未	廿八
17	戊寅	三十	戊申	廿九
18	己卯	十一月	己酉	十月
19	庚辰	初二	庚戌	初二
20	辛巳	初三	辛亥	初三
21	壬午	初四	壬子	初四
22	癸未	初五	癸丑	初五
23	甲申	初六	甲寅	初六
24	乙酉	初七	乙卯	初七
25	丙戌	初八	丙辰	初八
26	丁亥	初九	丁巳	初九
27	戊子	初十	戊午	初十
28	己丑	十一	己未	十一
29	庚寅	十二	庚申	十二
30	辛卯	十三	辛酉	十三
31	壬辰	十四		

丁酉年年曆

107 年 2 月		107 年 1 月		國曆
十二月大		十一月大		農曆
癸丑		壬子		干支
2 月 19 日 雨水丑時 1 時 18 分	2 月 4 日 立春卯時 5 時 28 分	1 月 20 日 大寒午時 11 時 09 分	1 月 5 日 小寒酉時 17 時 49 分	節氣 （國曆）
支干	農曆十二月	支干	農曆十一 月	國曆
甲子	十六	癸巳	十五	1
乙丑	十七	甲午	十六	2
丙寅	十八	乙未	十七	3
丁卯	十九	丙申	十八	4
戊辰	二十	丁酉	十九	5
己巳	廿一	戊戌	二十	6
庚午	廿二	己亥	廿一	7
辛未	廿三	庚子	廿二	8
壬申	廿四	辛丑	廿三	9
癸酉	廿五	壬寅	廿四	10
甲戌	廿六	癸卯	廿五	11
乙亥	廿七	甲辰	廿六	12
丙子	廿八	乙巳	廿七	13
丁丑	廿九	丙午	廿八	14
戊寅	三十	丁未	廿九	15
己卯	正月	戊申	三十	16
庚辰	初二	己酉	十二月	17
辛巳	初三	庚戌	初二	18
壬午	初四	辛亥	初三	19
癸未	初五	壬子	初四	20
甲申	初六	癸丑	初五	21
乙酉	初七	甲寅	初六	22
丙戌	初八	乙卯	初七	23
丁亥	初九	丙辰	初八	24
戊子	初十	丁巳	初九	25
己丑	十一	戊午	初十	26
庚寅	十二	己未	十一	27
辛卯	十三	庚申	十二	28
		辛酉	十三	29
		壬戌	十四	30
		癸亥	十五	31

出生節氣屬性與適合職業對照表

日干甲乙（木）					
出生日 \ 職業屬性	金	木	水	火	土
春月之木	可	良	劣	優	差
夏月之木	可	差	優	劣	良
秋月之木	良	可	劣	優	差
冬月之木	差	可	劣	優	良

日干丙丁（火）					
出生日 \ 職業屬性	金	木	水	火	土
春月之火	優	可	劣	良	差
夏月之火	可	劣	優	差	可
秋月之火	差	優	劣	良	可
冬月之火	差	優	劣	良	可

日干戊己（土）					
出生日 \ 職業屬性	金	木	水	火	土
春月之土	差	劣	可	優	良
夏月之土	可	良	優	劣	差
秋月之土	劣	優	差	良	可
冬月之土	差	良	優	可	劣

日干庚辛（金）					
出生日 \ 職業屬性	金	木	水	火	土
春月之金	良	差	劣	可	優
夏月之金	優	差	良	劣	可
秋月之金	劣	良	優	可	差
冬月之金	良	差	劣	可	優

日干壬癸（水）					
出生日 \ 職業屬性	金	木	水	火	土
春月之水	差	優	劣	可	良
夏月之水	良	劣	優	差	可
秋月之水	優	可	差	良	劣
冬月之水	差	良	劣	優	可

三

丁酉年風水運用大全

丁酉年九宮飛星大解析

九宮飛星的理論認為，代表不同意義的「九星」每年會落在九個不同的方位上，而這九星依照固定的循環，每九年重複一次。又因為位置的轉換是以「年」為單位，因此又被稱作「流年方位」。這九星各自代表不同的意義，主宰人們一年的運勢，對於各方面產生影響。（關於九宮飛星圖的詳細解說與運用方式，可參考《謝沅瑾財運風水教科書》）

⊙以下簡介九星的種類與意義：

一白、貪狼星，主桃花文職：易遇桃花感情之姻緣情事，同時亦加強官運與財運。

二黑、巨門星，主身心病痛：外在病痛不斷，內在煩憂頻起，內外交攻永無寧日。

三碧、祿存星，主官非鬥爭：易遭官非訴訟纏身不休，或遇致使殘廢之病痛意外。

四綠、文昌星，主讀書考試：加強讀書效果，頭腦判斷能力，強化考運與升職運。

五黃、廉貞星，主災病凶煞：宜靜不宜動，貿然動土喪葬者必遭凶煞，非死即傷。

六白、武曲星，主軍警官運：使軍警職易獲拔擢，升遷快速順暢，最終威權震世。

七赤、破軍星，主盜賊破財：

居家出外易遭盜賊，身邊亦有小人環伺，災禍不斷。

八白、左輔星，主富貴功名：

富貴功名源源不絕，能化凶神為吉星，發財又添丁。

九紫、右弼星，主福祿喜事：

能趕煞催貴，遇之必有喜事臨門，有情人終成眷屬。

九星涵蓋了各種福祿壽喜、生老病死之事，也因此每一星的位置好壞與運用都是不能輕忽之事，如果能夠了解每一年的流年方位，並加以妥善運用，對於個人的運勢將會有很不錯的提升。

二〇一七丁酉年九宮飛星圖

東南		南		西南
	九紫火	五黃土	七赤金	
東	八白土	一白水	三碧木	西
	四綠木	六白金	二黑土	
東北		北		西北

丁酉年方位運用及運勢提升之道

●流年財位與招財法

九宮飛星所代表的財位，因為每年不同，又叫做流年財位。在九宮飛星中代表財運的星有「一白、六白、八白」，也分別代表了「文官官運財運」、「武官官運財運」以及「整體財運」。經過正確運用，能催動家中真財位，強化財運。

不同職業與不同發展方向的人，要催的財位就不同。像是公務人員希望能夠加薪升官，就要催動「一白」星。若是軍警保全等，想要能有更好的晉升管道，那就要催動「六白」星。而如果是上班族、經商者，或者是不管是哪一種人，就可以使用「八白」星來催動整體財運。

⊙一白財位

二〇一七年的文星（文曲星）也就是**一白星的位置在中央**，從事文職工作的人，可以在這個位置上放文昌筆，點旺文昌，讓思緒更加文思泉湧，靈感源源不絕。另外，在事業工作上面如果想要有所突破，增加人緣，也可以在這個位置上擺放粉水晶。從事文職內勤工作的人，如果房子的這個方位剛好有開窗的話，在事業工作上加分就會特別多。

⊙六白財位

六白星也就是武曲的位置，主要針對跑外勤，甚至軍人、警察，軍警職這類工作的人，**二〇一七年的六白位在正北方**，如果想在今年爭取晉升、升遷、遠調的機會，建議可以在這個位置上擺放馬匹飾品，最好是前面兩隻腳抬起的馬，頭朝外擺放，民俗上代表驛馬星動，表示比較有馬上封侯升遷或遠調的機會。馬的材質建議使用金屬，其次為原木，第三是玻璃材質。但如果工作已經很穩定者，建議馬匹擺放方向相反，頭朝內，樣子為四隻腳著地，所以如果馬背放錢，代表「馬上有錢」，意味著財運上有提升。馬背上放猴子，代表「馬上封侯」。

從事武職的人可在六白的位置擺放「馬上封猴」，可催動官運。

⊙八白財位

八白星也就是左輔星的位置，今年來到正東方，不僅是上班、公職或經商，即使只是擺個攤位，都可以運用這個位置來催旺財運。另外，在寺廟中求到的發財金，也可以擺放這個位置上，加分比較多。

東南	南	西南
八白土	一白水	
	六白金	
東北	北	西北

（左側：東；右側：西）

●流年桃花位與招桃法

對於桃花位的應用，大多數的人都存有誤解，以為招桃花僅針對男女間的感情。其實「桃花」可以區分為「姻緣桃花」與「人緣桃花」。「姻緣桃花」就是我們一般所認識的、針對男女感情的桃花，如果能招到好的姻緣桃花，就能夠找到好對象，也比較有機會獲得好的姻緣。

另一種是「人緣桃花」，這種桃花代表的是個人與他人之間的交情、友誼。有好的「人緣桃花」，對於人際關係的促進有很大的幫助。對應到日常生活中，如果從事需要密切與人來往的職業，像是業務員、房仲業者、商店的店員等，如果能夠適當的增強自己的人緣桃花，對於業績也會有很大的幫助。

在九宮飛星圖中掌管桃花的有一白。根據九宮飛星圖的流年方位，**今年一白星落在中央的位置，因此今年的流年桃花位就在中央**。如果未婚者希望有好對象，可以在這個位置上放置粉水晶或裝水的容器裡放入粉晶，有助於提升運勢。如果是已婚者希望能讓自己有好人緣，可以擺設紫水晶，會幫助促進人際關係，也會增強判斷力。

另外，九宮飛星中的九紫星，一般認為是能招來喜事、催動姻緣。**今年的九紫星位在東南方**，可以在這個方位上擺放在月老廟求得的紅線，可以為感情加分。

向月老求來的紅線可放在九紫的位置，對感情運有加分。

⊙桃花位的維護

在桃花位擺放招桃花的物品來催動桃花之後，並不表示就可以安心的不去管它。平時也要特別注意桃花位的維護。

如果桃花位髒亂，或者用來擺垃圾桶，在感情上就會很容易遭小人破壞，導致感情破裂。

如果桃花位上擺放髒衣服或是雜物，代表感情容易有遇人不淑、所遇非人的狀況。因為桃花位上堆滿雜物，象徵著感情的狀況錯綜複雜。

如果桃花位完全的空曠或者過度清潔，也不太好，暗示著感情會一乾二淨，感情上容易有缺口經常沒有對象。桃花位如果沒有要加以運用，也最好是保持整齊、清潔，給予適當的照明，才能避免招來爛桃花，並打壞自己的好人緣。

●流年文昌與催旺法

九宮飛星中掌管考運的文昌位是為四綠星。**今年的四綠星也就是文昌位於東北方**，對於學生、考公職的人都可以運用這個位置來催旺運勢。有打算考試或是家中有正在求學的小孩，可以在家中**東北方**的位置設置書桌，在文昌位上讀書，將有助於集中精神，提升考運。

另外催旺文昌最常見的方式是點燈，古人用油燈，現代可用檯燈或立燈來代替，在燈上綁上紅布條、紅線或紅繩，不僅對於家裡人的考運能加分，也代表開智慧。也可以運用文昌塔，民間認為文昌塔有貴子之意，就是小孩子考取功名、富貴的意思。但是塔型的高度，應該以奇數為主，一般最高是十三層，可使用五層、七層、九層，越高代表層級越好。在文昌位上也可擺放文房四寶，或者是懸掛文昌筆，以及貼上獨占鰲頭的鰲的圖像或魁星踢斗圖，對於讀書或者是頭腦判斷能力都有提升。另外也可以擺放紫水晶，可以增強注意力與記憶力，幫助思路清晰，相對的就容易獲得好成績。

如果流年文昌位正好落在廁所的時候，對於判斷分析跟理解能力會有負面影響。建議在廁所內擺放土種黃金葛並且以燈照射，來化解。

正確的書桌擺設，也能幫助提升運氣。書桌或辦公桌最好的擺設方式為：桌面的左邊放置電腦與電話，桌面的右邊則放置文件與文具。這樣的擺放方式能營造出一種安心的氣氛，讓坐在書桌前的人能夠專心的讀書或辦公。

書桌上也可以放置紫水晶，形狀最好是圓形，可以加強思緒清晰。特別要注意的是，像美工刀、剪刀等利器，最好都封好收起來，以免利刃傷害了好機會以及好考運。

●流年災病方位與避除法

九宮飛星中有二個要特別注意的星宿，分別為二黑與五黃，是要特別注意防範的方位。

其中二黑代表了「巨門星」，主「身心病痛」，民俗上也代表病符的位置，**今年剛好落在西北方**，因此在居家流年風水中，要特別注意的便是避免在這個方位睡覺，以防容易生病，如果房間在這方位者，在這年最好能換房睡覺，也建議在這個方位上擺放龜殼、葫蘆或者是千鶴圖，對於健康方面有加分的效果，不過，要記住千鶴圖千萬不能放上面有畫太陽的，因為那意味著日落西山、駕鶴西歸，要注意。

五黃則代表了「廉貞星」，**今年落在正南方**，主的是「災病凶煞」，是可能會帶來災難病痛的凶星，而且通常是指關於血光的部分，容易受傷、開刀或者有意外傷害。最忌諱的就是動土，因此在居家流年風水中，要特別注意的便是避免在這個方位動土，不管是裝潢、油漆、修改隔間……等，最好都能先**避開正南方**，並延到明年後再行施工，也要避免在此方位睡覺。

要注意的是，如果住家外面、對面跟正南方的方位，如果剛好有人動土，家中也會受到五黃煞氣的影響，一般來說，可以在面對動工的方位上，擺放龜殼來化解。

家中的二黑方位可擺放葫蘆，降低病符的負面影響。

此外，位於**正西方的三碧木**，一般來說會帶來官非跟盜賊的影響，也盡量不在這個方位動土。位於**西南方的七赤金**，代表破軍星，是盜賊之星，通常在這個方位動工或裝潢，意味著容易遭小偷，也要盡量避免。

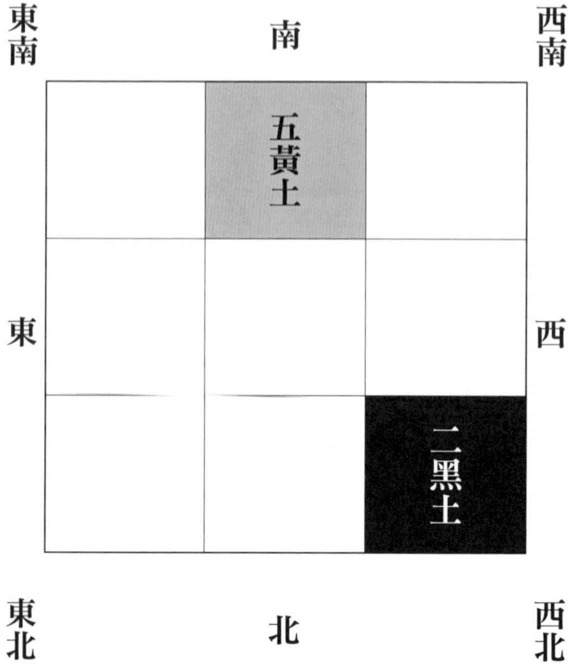

二〇一七丁酉年九宮方位應用圖

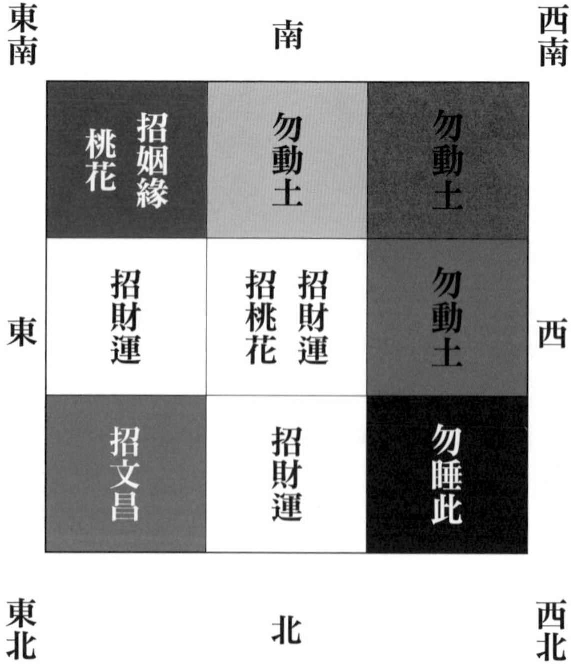

●今年的太歲方

今年太歲方在西方（正西方），而今年歲破方則在太歲方對面的卯方（正東方）。

我們常聽人說的「太歲頭上動土」，代表一個人不知好歹，做了不該做的事，惹了不該惹的人，因此準備要倒大楣了。其由來便是民俗上認為每年的太歲星君，都會固定降臨在家中的某個方位（例如**今年是西方**），那個方位在今年中，便會成為太歲星君的「專屬方位」。因此如果在這個方位動土，就好像打擾到了太歲星君，可能會使得太歲星君不高興，住家運勢自然可能因而下降。另外要注意的是，歲破方也不能動土。

今年的太歲星君為唐傑大將軍。

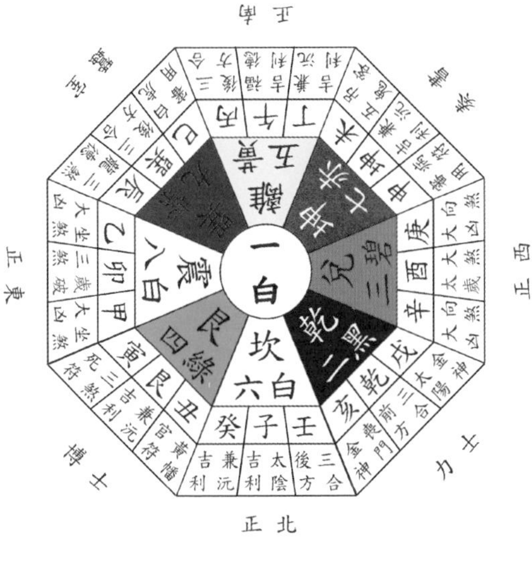

四

招財補運 DIY

掌握十大要素，安心買房安心住

擁有一間可以安居樂業的好房子，是許多人心中的夢想。但買房子是一個重要的決定，特別在房價高漲的年代，更是要考慮周詳，如果一不謹慎，買到了問題重重的房子，那就會帶來許多苦惱了。

一般在選擇住房時，每個家庭都會有不同的考量。以年輕的上班族而言，一定會先考慮交通問題，通勤出入是否便利？如果有小孩，還會再考量學區問題。而有老人的家庭，會希望選擇有電梯的房子或者一樓，並且離醫療院所比較方便的地方。以這些條件，去尋找一個理想中的區域，鎖定區域之後，再尋找適合的房子。

傳統風水觀裡，對於住家選擇也有一套重要原則，當已經鎖定區域之後，就可以參照這套規則，排除掉不適合的房子，就能夠比較順利找到適合自己的房子。然而不只有買房，租屋也適用同樣的原則喔。

六大外在避諱要切記

當根據自身條件鎖定一個特定的區域時，例如某個城市的北區，做為想要買房的地點，這時候有六種環境在風水上來說，是一定要避開的。

一、形成淋頭水的房子

傳統風水上認為，房子如果是背山算是好的位置，但如果背後的山是垂直的峭壁，就會成為「淋頭水」的風水，反而對於家運不好。其實從安全的角度來看，這樣的房子受到「土石流」災害的機率很高，強震來襲也可能被砂石擊中，因此平日的心理壓力就很大，真的遇到災害時，還可能會家破人亡。而以現在的大樓來看，雖然不在山邊，但也可能形成淋頭水，那就是當住家的大樓跟隔壁大樓很貼近，但高低落差很大時，也會形成很大的壓迫感，如果高樓層的住戶東西掉落，仍會造成傷害，因此這樣的房子也要避免選擇。

二、形成反弓煞的房子

水形在風水上是很重要的一個要素，以現代的觀點來看，除了河流之外，水溝、大馬路、高架橋等都算是水形的一環。當水形良好時，會替人們帶來好運勢，例如當房子處在流水、道路的圓弧之內時，就會形成玉帶環腰的格局，在風水上主利前途。但如果房子是處於河流、道路、高架橋圓弧外面的話，那就不太妙了，傳統上稱之為反弓煞。這樣的煞氣在風水上來說，會造成不利前途、做事不順，也容易出一些不肖子孫。從安全的角度來看，這樣的房子正好位在水流、車流衝擊的地方，一旦河流水勢湍急房子很可能就會首當其衝，車流也一樣，如果過彎時控制不好，就很容易從這個位置撞上去，造成損害。

三、有氣味型煞氣的房子

如果住家附近正好正對著其他住家的排氣孔，或者工廠廢氣排放的地方，甚至周邊就有垃圾場、火葬場、焚化爐等等，這些都是屬於氣味型的煞氣。風水上認為，居住在這樣的房子裡，容易產生健康與心理的問題。從科學的角度來看，這些廢氣中多半都含有不利人體的分子，就算居家門窗緊閉，但進出時仍然會吸收到這些廢氣，久了就容易造成健康問題。

四、有光的煞氣的房子

所謂光的煞氣，主要有兩種，一種是由於住家附近有刺眼的光源所帶來的煞氣，例如住家對面就有巨型、高亮度的LED看板。另外一種是由於住家附近有會形成反光的材質，不斷將光線反射進屋內，例如大片的玻璃帷幕受到日照時產生的反光。這兩種煞氣，都會造成住戶的安全與心理問題，會讓住在房子裡的人心煩氣躁、心思不穩，做事情容易有錯誤的判斷。

五、有聲音煞氣的房子

巨大的噪音容易讓人心煩氣躁，久了以後，更容易產生心理問題，因此風水上也不建議居住在這樣的場所，像是廟周邊的房子，當舉行廟會時就會有巨大的噪音產生，所以傳統上有神前廟後不住人的說法。除此之外，現代情境中，飛機航道下的房子，以及市場旁邊的房子，也是會有聲音煞氣的房子，容易讓住戶睡不好、精神衰弱，做事情容易出現錯誤的判斷。

六、附近有嫌惡設施的房子

這類的房子，主要是指醫院的旁邊、殯葬區、風化區裡。以醫院而言，雖然在醫院旁邊就醫方便，但由於出入人員多，再加上救護車等等進進出出，對平常生活而言，心思容易受到牽動，產生心理不穩定的狀態。殯葬區則是傳統上避諱比較多的地點，風化區則是會有治安上的問題，都是不建議居住的地區。

門主灶格局要注意

當根據外在條件選定某個建物時，內在格局就是下一步要注意的。風水上強調「藏風納氣」，當內部格局好時，就會為住家帶來良好的氣場，主人各方面的運勢都會獲得提升，遇到不好的格局運勢就很容易NG。一個好的房子最好格局要方正，格局不方正的房子，例如缺角、前寬後窄等等都會帶來不好的影響，以空間使用上來看，格局方正的房子，也是最好利用的房子。除此之外，風水上認為，內部格局最重要的是門、主、灶三者的相對位置，也就是大門、主臥房與廚房的位置。大門是一個房子進氣的位置，大門開得好，就容易帶來好運勢。主臥室是主人睡覺的地方，代表主人的位置，廚房傳統上認為是家中的財庫，因此這三者的位置就相當重要，而最忌諱的原則就是這三者相互面對面，會帶來不同程度的影響，一定要避免或者進行改造。

一、大門對主臥房：風水上主漏財，主人容易身體不好，做事也比較辛苦，嚴重的話還會有妻離子散的狀態。

二、大門對廚房：風水上也主漏財，因為一開門就看到廚房，意味著財庫露白，會造成有錢搬進來，卻越來越沒錢的狀況。尤其如果大門直接對到瓦斯爐，更會形成風灌灶口，影響主人身體健康。

三、主臥房與廚房相對：風水上而言，會影響主人健康，對身體不好。

除此之外，廁所在家中的位置，也是需要特別注意的。一般而言，廁所也應該要避免對上大門、主臥與廚房。當廁所對上大門時，風水上認為會帶來家運衰退的影響，而廁所門對上主臥室或者廚房，則會影響住戶的身體健康，一旦遇到這樣的狀況，都應該要進行改造或者制煞的方式來改善，避開不好的影響。

丁酉年太歲星君安奉與太歲符

「太歲」又稱「歲星」，每個人出生年與太歲都有對應關係，根據沖犯原則，就有「正沖」跟「偏沖」的概念產生。「正沖」就是正對自己的生肖年，而「偏沖」是指相隔六年。不管是正沖或偏沖，都屬不吉，都必須在年初「安奉太歲」，以求平安。而到了年尾則須「謝太歲」，感謝太歲整年的保佑。

●太歲安奉法（年初安太歲）

安奉地點：可供奉在神桌上。

安奉時間：農曆正月初九、正月十五日，或選吉日安奉。

安奉供品：清茶、水果、香燭，另備壽金、太極金、天金。

安奉方法：

將太歲符安放在正確位置後，備好香案，點三支香，心中默唸：「弟子○○○因本年沖犯太歲，請太歲星君到此鎮宅，保佑平安。」一香燃過一半之後，即可燒化金紙，儀式完成。

●謝太歲法（年尾謝太歲）

謝太歲地點：太歲供奉處。

謝太歲時間：農曆十二月二十四日上午吉時。

謝太歲供品：清茶、水果、香燭，另備壽金、太極金、天金。

謝太歲方法：

在安奉太歲符前，備好香案，點三支香，心中默唸：「弟子〇〇〇，今備香花四果，感謝太歲星君一年的保佑。」之後取下太歲符，同金紙一同燒化即完成。

今年需安太歲者：

正沖—相雞人：一歲、十三歲、廿五歲、卅七歲、四九歲、六一歲、七三歲、八五歲

偏沖—相兔人：七歲、十九歲、卅一歲、四三歲、五五歲、六七歲、七九歲、九一歲

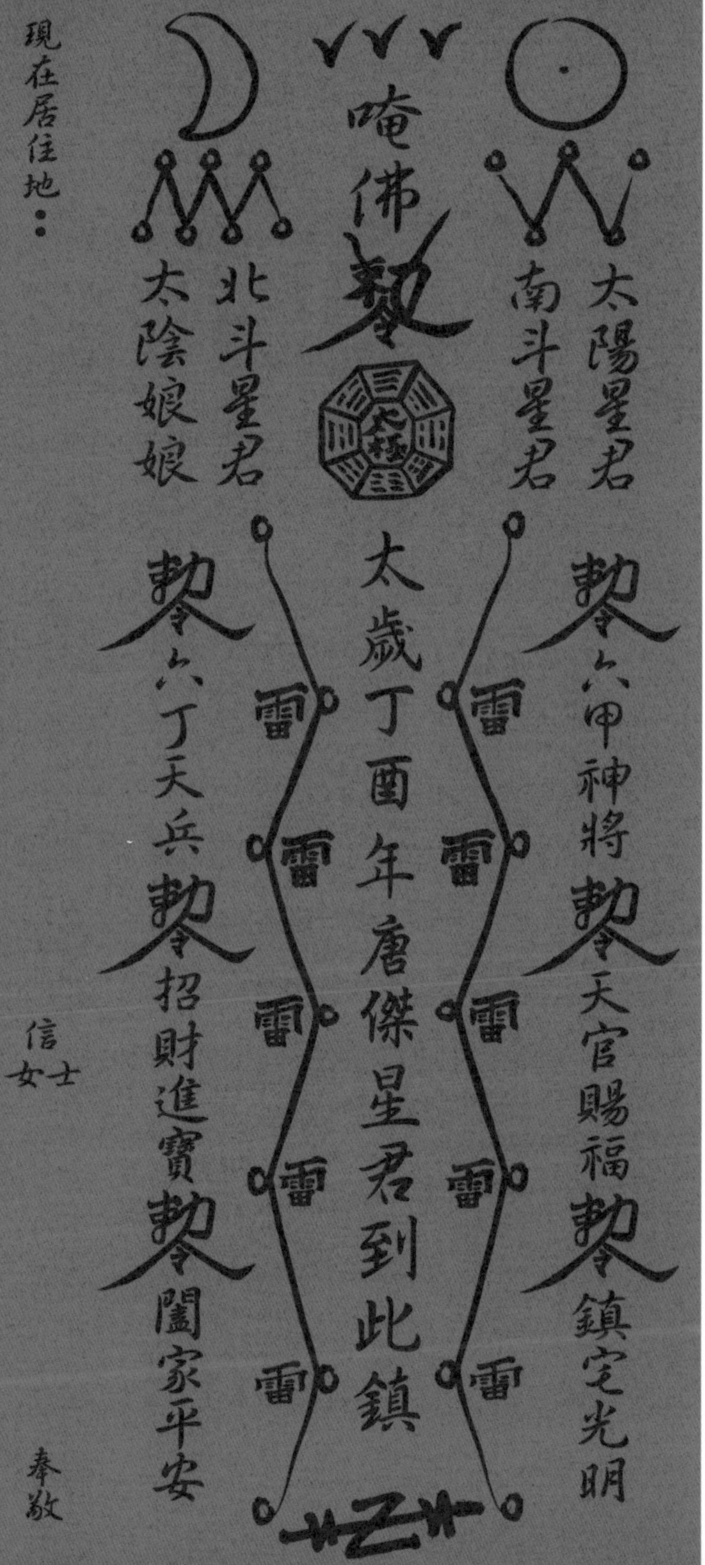
太陽星君
南斗星君
唵佛敕
太極
北斗星君
太陰娘娘
現在居住地：
敕令六甲神將
敕令天官賜福
敕令鎮宅光明
雷
太歲丁酉年唐傑星君到此鎮
敕令六丁天兵
敕令招財進寶
敕令闔家平安
信士
信女
奉敬

恭請

丁酉太歲唐傑大將軍

到府坐鎮

太歲稱號之差異

根據「六十甲子」的循環，太歲星君共有六十位。目前台灣各地所供奉的太歲星君，稱號都略有差異，但讀音都幾乎相近，因此有一說認為，這差異應是讀音與標記所引起。丁酉年的太歲星君為「唐傑星君」。

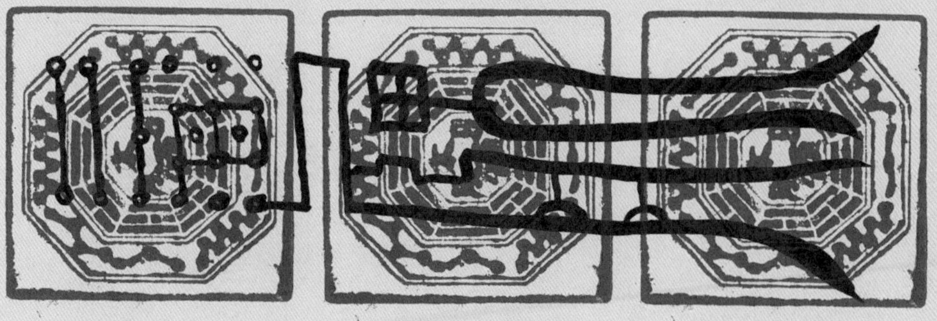

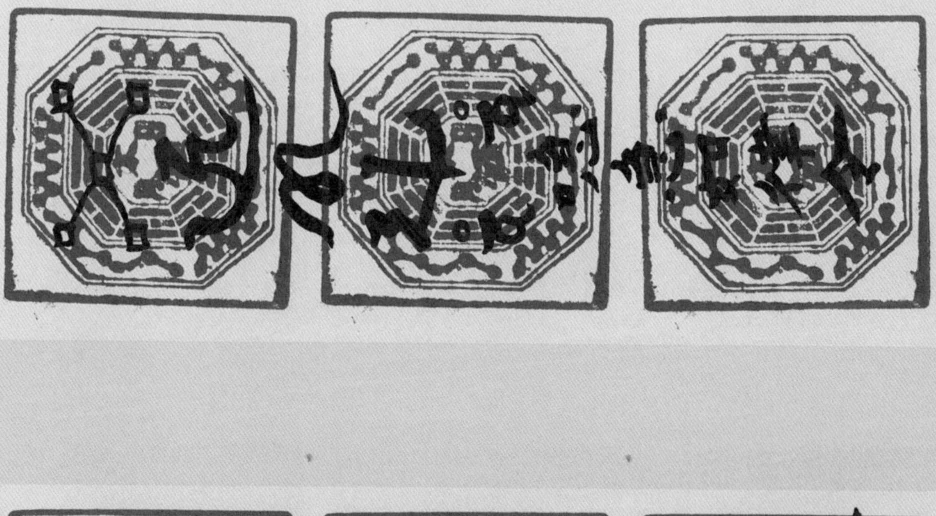

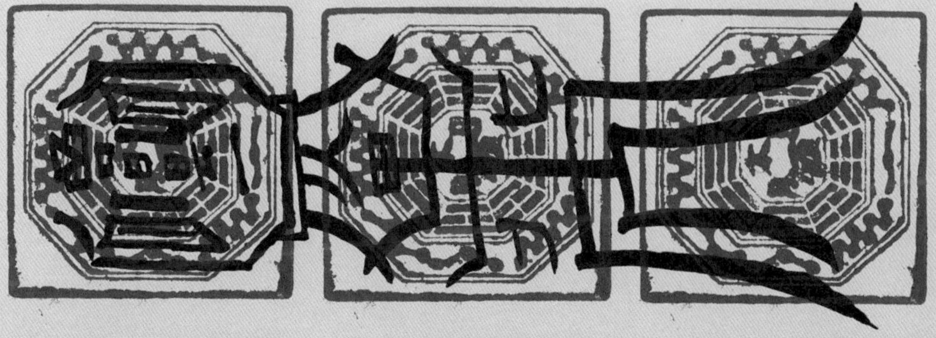

丁酉年個人招財符

謝沅瑾
命理研究中心
瑾

丁酉年居家招財符

謝沅瑾
命理研究中心
瑾

丁酉年店面招財符

謝沅瑾
命理研究中心
瑾

個人、店面、居家招財符

●招財符使用說明

本次隨書附贈之「招財符三連發」（右頁，請讀者自行剪裁），分別為個人招財符、店面招財符與居家招財符。皆由謝沅瑾老師親自繪製開光，希望能帶給讀者一個好運滿滿的丁酉年。

⊙使用方法

個人招財符收在皮夾裡，隨身攜帶。居家與店面招財符，則擺放在家裡或店裡的隱密處，一般來說，店面招財符可以擺放在收銀台或櫃台的收銀機、抽屜之中，居家招財符則可以擺放在家裡的財位上，可以更加催動財位。

此符有一整年之效力，使用前可以先拿到陽廟之主爐上過香火，更添效力。擺放或者攜帶一年之後，在農曆十二月廿四日送神日時，同金紙一起燒化即可。謝沅瑾老師在此還要提醒大家，平日若多行善積德，努力工作，則招財效果更佳！

個人招財符置於皮包內，居家店面招財符則置於財位隱密處。

五

謝沅瑾開運農民曆

如何看懂農民曆

「農民曆」是台灣民間流通最普及的曆書，過去人們依照農民曆的時序原則進行農事，也以農民曆中的「行事宜忌」、「每日吉凶」作為日常行事的準則。

農民曆的由來已久，早期為了配合農業社會的行事，中國歷代都會由官方根據觀測天文運行的結果，統一頒訂曆法，作為農事作息的主要依據，稱做「官曆」。而各朝的曆法編制有所不同，現今使用的陰曆最早可以追溯到夏朝時期，經過了不同朝代天文官員的修訂後，才成了現今我們所使用的陰曆。

民國之後頒行陽曆，現今台灣所行的曆法每年由中央氣象局統一頒布，由於民間仍然根據陰曆行事，所以中央氣象局所編的日曆資料表是採取新舊曆對照的方式。而現今流通的農民曆，也是陽曆與陰曆並立，是陰陽合曆的形式。

以配合農事而訂立的農民曆，到了今日由於機具與栽種技術的進步，作為農事依據的功能已不再那麼重要了。但是其中的每日吉凶、行事忌宜等傳統風水命理的內容，仍然是人們行事的重要依據。現今的農民曆經常結合了民俗、傳統知識與曆法，是每個家庭必備的生活小百科。

農民曆是古代制訂來讓農民在農耕時有所依循的曆法，所以稱之為農曆。漸漸演變到後來，又加上了傳統陰陽五行、天干地支、易經等等的思想，幾千年來已經成為人們日常行事的重要依據了。不過，也就因為融入了許多命理上的專業知識，讓現在的農民曆看起來十分的艱深難懂，因此要瞭解農民曆，就要先了解每個欄位代表的意義，接著就能輕鬆使用農民曆了。

農民曆「每日宜忌」各欄說明

西曆年份 國曆月份	國曆日期	節氣
	星期	
	節日 佛神誕辰 吉凶神 附註	
農曆月份　月令　月煞方	農曆日期	交節氣時間
	干支	
	五行	
	十二值位	
	宜忌	
占十二月節候豐稔歌	宜忌事項 節前：指逢節氣時，指節氣時間之前的宜忌 節後：指逢節氣時，指節氣時間之後的宜忌	節氣說明
每日胎神占方	每日胎神占方	
每日沖煞年齡	每日沖煞年齡	

農民曆「每日宜忌」實例

二〇一七年 國曆二月小	18	雨水
	星期六	
	月德 刀砧日	
農曆一月　端月　煞北方	廿二	戌時　19點31分
	丙子	
	水	
	開	
	宜	
立春最喜晴一日，元旦景雲光齊天 雨水連綿是豐年，農夫不用力耕田	**宜**祭祀、祈福、出行、納采、問名、嫁娶、移徙、解除、修造動土、豎柱上樑、開市、納財	**斗指壬為雨水，時東風解凍，冰雪皆散而為水，化而為雨，故名雨水。** **節氣諺語：雨水，海水卡冷鬼。** 雨水時節雖已入春，但溫度仍低，海水摸起來還是非常冷冽。
每日胎神占方	廚灶碓 外西南	
每日沖煞年齡	沖馬 28歲 煞南	

各欄位所代表的意義解釋

◆**干支：**

「**天干地支**」是自商朝開始即有的記年、記日方式，以「**十天干**」（甲乙丙丁戊己庚辛壬癸）與「**十二地支**」（子丑寅卯辰巳午未申酉戌亥）相配，每六十年為一個循環。

◆**五行：**

「**五行**」指「**金木水火土**」，傳統命理認為宇宙中的萬物都可以被區分為這五個屬性。農民曆中所表示的五行，背後代表的其實是較為複雜的「**納音六十甲子**」，各種天干地支的組合代表了各種屬性的「**五行**」，對論命者而言具有參考作用，但對一般人而言用途則不大。

◆**十二植位：**

代表的是十二個「**吉凶神**」（一**建**、二**除**、三**滿**、**四平**、**五定**、**六執**、**七破**、**八危**、**九成**、**十收**、**十一開**、**十二閉**），每日的值神不同，適合做跟不適合做的事情也不同。

◆**用事批註宜忌：**

這欄裡面，主要是根據**干支日**、**五行**、**十二值位**，再加上其他比較複雜的命理概念，歸納出來在這一天裡面可以做的事情跟不宜做的事情，整體標註出來，這是目前人們從事重要活動時最方便參照的資料，是最實用的欄位。

◆**胎神占方：**

指每日**胎神**所在的地方。在民間信仰中，**胎神**是掌管胎兒生長的神明。每日胎神所在的位置都不相同，原則上多在屋子裡外，孕婦活動的範圍內。民間認為每日胎神所在的地方，所有的人都不可冒犯，否則會影響胎兒的生長，嚴重時甚至會造成流產。

◆**沖煞生肖、年齡、方位：**

指每天會沖犯到的生肖、年齡與方位。被沖煞到的人最好不要出現在任何重要的場合，像是嫁娶、出殯等，不僅本身可能會遭到無妄之災，也可能讓正在進行的事情，沒有辦法順利舉行。「**煞方**」則指當日兇神所在的地方，不管今天要做什麼事，都要盡量避免往該方向活動，以免沾染不好的氣場，影響事情的順利進行。

◆**每日財喜方位：**

指每日**財神**跟**喜神**所在的方位，如果想要沾喜氣或是獲得財運，可以在每日出門時先往財喜方位走，比較容易獲得好運道。詳細用法請參照本書**擇日擇時**單元。

◆**每日吉凶時：**

這是指這一天裡面由**吉神**所掌管的時間。在傳統的命理觀念中，好日子裡也有**吉時**與**凶時**的區分，若希望事情能進行順利，除了挑選好日子，最好也要選在吉時來進行。

重要名詞解釋

農民曆自古以來就是人們用來參照**日常行事**、**斷定吉凶**的重要根據。農民曆的編著由來已久，加上後世不斷的增補，因此在**用事名詞**上面也出現許多不同的版本。

目前流傳下來的農民曆，主要都是根據舊時社會的環境與情況所寫，不管是哪一個版本，裡頭使用的部分名詞，與我們今日所慣用之用語大不相同（**例如「經絡」代表「織布」**、**「鼓鑄」代表「冶煉金屬」**）。大多數的人看不懂這些名詞所代表的事件，使用農民曆時就會遭遇困難。

為了讓讀者瞭解農民曆之用語，底下將根據**清朝**時期曾由朝廷統一列舉的「**通書六十事**」，進行每個用語的解說，並且根據性質加以分類，加上現代行事的附註，方便瞭解與使用。

本書對農民曆用語的篩選

農民曆上面所列舉的行事對古人而言，都是需要慎重處理，甚至在舉行前要進行儀式的事情。但就目前社會發展來看，有許多已經是**不合時宜**。因此底下雖然針對大部分的用語作解釋，但在本書的「用事宜忌」中，**將僅列舉在現代社會中仍須擇吉進行的重要事項，以方便讀者使用。**

❖祭祀類

祭祀：祭祀祖先（或好兄弟），或祭拜神明等儀式。這裡的祭祀指的是節日或例祭之外的祭祀活動，例如建醮、大船下水等等祭祀活動，或擺放制煞物品也可以選擇宜祭祀的日子。

祈福：祈求神明保佑平安或者許願還願的事宜。

求嗣：向神明祈求子嗣的祭拜儀式。

冠帶：這是指傳統上年輕男女的成年儀式。

❖政事類

上冊受封：接受皇帝的賞賜。

上表章：古代臣子將奏章上呈君主。

襲爵受封：中國古代是封建社會，早在西周時期就有爵位的分封，雖然之後各朝代的規制不同，但一般來說，爵位都是由長子繼承原有的爵位，而其他的孩子則分封為低三階的爵位。此處的襲爵受封，就是指嫡長子繼承爵位與其他子嗣受封爵位的受封儀式。

上官赴任：新官上任，就職典禮。

臨政親民：皇帝或官員聽取政事、下鄉視察。

❖日常行事類

會親友：探訪友人、親戚，或者聚會。

入學：拜師學藝、求取手藝。

進人口：收養子女或聘納員工等。

出行：指遠行、出國觀光及旅行等。

移徙：搬家，遷移住所。

重要的祭祀活動，也需要慎選宜祭祀的日子。

遠迴：指長距離的往返，例如歸寧。

解除：進行解災厄、除穢的儀式，或者將制煞物品由懸掛擺放處取下。

安床：包括安新床與安舊床。

安新床：像是結婚或者新屋在入宅時，都要選擇時辰安置床鋪。

安舊床：是指可能因運勢不佳想改換方位，而重新安放床鋪的事宜。

沐浴：清洗身體，特指為重要事件而齋戒沐浴。例如主持重要儀式，或是跟隨神明遶境。

剃頭：初生嬰兒剃除胎毛，或削髮為尼。

整手足甲：初生嬰兒首次剪手足甲。

求醫療病：看醫生、治病，或者開刀。

療目：治療眼睛的疾病。

針刺：針灸之類的醫療行為。

乘船渡水：搭船過河、過江、遊湖等等。

看病尤其開刀對古人而言是重要大事，需慎選日期。

❖ 婚姻類

結婚姻：議定婚事，兩家人締結婚姻之事。

納采問名：指受授聘金，俗稱完聘。

嫁娶：指舉行結婚迎親儀式的吉日。

裁衣：分為兩種，一為裁製新娘禮服，另一個是為病重的老人做壽衣。

❖ 建築類

築堤防：修建河堤邊的護欄或防水的堤防。

修造動土：房屋整修、內部裝潢等。

動土：指興建陽宅之第一次動工挖土（陰宅為「破土」）。

豎柱上樑：豎立柱子，安屋頂中樑。傳統上進行「上樑」儀式前，一定要選擇吉日吉時。

修倉庫：建築倉庫或儲藏室。

苫（唸「山」）**蓋**：以草編物品來覆蓋屋頂。

修置產室：修理或建築廠房、產室。

開渠穿井：開築下水道、水溝及開鑿水井等。

安碓（唸「對」）**磑**（唸「位」）：安裝舂物臼磨粉器。傳統上進行這項活動前要先舉行儀式。

補垣塞穴：補修牆壁或堵塞蟻穴及其他洞穴。

掃舍宇：打掃屋宅，指大型的大掃除。

修飾垣牆：裝修、粉刷、整理牆壁。

平治道塗：指舖平道路等工程。

破屋壞垣：拆除舊屋圍牆之事。

古代倉庫是放置糧食的地方，修築時為求平安，也要看日。

❖ 工商類

鼓鑄：冶煉金屬以製錢幣或器物。

開市：公司行號商店開張或開幕，或指休完年假後首日營業或工廠開工等。

立券：訂立契約書等事。

交易：交易買賣等事。

納財：購置產業、進貨、收帳、五穀入倉等。

開倉庫：打開穀倉或囤貨的倉庫。在古代，倉庫不會隨便開啟，以免裡頭的貨物或穀物敗壞。

出貨財：出貨、送貨。

❖ 喪事類

破土：建墳墓、埋葬等（陽宅為「動土」）。

安葬：埋葬屍體，或撿骨後「進金」（將先人遺骨放入金斗甕）。

啟攢：指洗骨之事。撿死人的骨骸簡稱拾金。

❖ 農林漁牧類

伐木：砍伐樹木。古時候人們認為樹木有靈，因此在伐木前必須要舉行儀式，安撫樹靈，祭拜完畢之後才會進行。

古代伐木需安撫樹靈，祭拜後才進行。

古人慎選出航日，以保平安與豐收。

捕捉：撲滅害蟲或生物。

畋（唸「田」）**獵：**打獵或捕捉野獸等工作。

取魚：結網撈魚，捕取魚類。

栽種：種植樹木、接枝、種稻等農事。

牧養：畜牧牛馬等家畜。

納畜：買入雞鴨、牛羊等來飼養。

經絡：織布、安裝織機或蠶桑之事。因為其中有安裝織機這個部分，後人也衍生為適合安裝各式機械設備的日子。

醞釀：指做醬菜、釀酒、做醋、醬油等等需要發酵的事物，由於發酵的狀況會影響事件的成敗，因此傳統上認為製作時，也要挑選吉日，以期順利釀造出好的成品。

正月開運三吉時——初一、開工、迎財神

◆丁酉年初一開門吉時與祭拜

大年初一是一年的開始，傳統上認為大年初一能迎到的財氣、喜氣與貴氣都最強。所以初一起個大早往吉祥的方位走，將能為自己帶來無與倫比的財氣與貴氣。因此這一天開門的時間與出門的方位就顯得十分重要。以時間點來說，**今年最佳開門時間為丑時（一點～二點二十分）、卯時（五點～七點）、午時（十一點～十二點二十分）、未時（十三點～十四點二十分）**。可以根據平常作息或工作時間，挑選最適合的時辰來開門。

吉時一到，便可以開門，準備清茶、糖果、吉祥的水果像是橘子，以及飯、發糕與年糕等供品祭祖。米飯與糕類要插上紅色紙剪的春字，就是俗稱的「飯春花」。「春」和台語「剩」同音，象徵「年年有餘」。祭拜完後要燃放爆竹。

拜拜之後，可以出門往好的方位走，以迎接好的氣場。**初一這天的喜神在西北方，貴方為西南方**。出門時先往這幾個好方位，走上五十到一百步，再往自己原本的目的地前進，民間認為這樣便能夠討得好采頭。另外，**財神在東南方，想要求財者可以往這個方向走。這天的煞方在正西，盡量避免往這個方向走，以免受到不好氣場的影響。**

傳統上也認為大年初一有如一天的早晨，是全新的開始，若能在年初一起得早（最遲不睡過中午），便象徵一整年都會很有活力精神。如果在大年初一的白天睡覺，就象徵在一年的開始精神萎靡、懶散、沒有活力。民俗上甚至認為這將導致種田的田會塌，養雞的會生不出雞蛋。因此，大年初一應該要盡量早起出門活動，無論是全家出外踏青遊玩，或是到附近親朋好友家拜年，到廟裡拜拜等，都能為自己跟家人求得一整年的好運與平安。

◆丁酉年年初開工吉時與祭拜

初五又稱為「隔開」，意思就是新年的歡樂氣氛就到今天為止。新年期間放在家中神桌上的供品也都要撤收，自這天開始，一般民家就開始恢復正常的生活作息了。許多店家公司也都從這天

正月初一可至廟裡拜拜祈求好運。

開始上班做生意。不過並不是每一年的初五都是最好的開市、開工日。今年最佳的開工、開市日期與時間請參照左頁表格。

店家或公司可以在門口準備各種牲禮、酒水、線香、紙錢，特別還需準備「疏文」。由於開工祭拜的對象是財神與行業的守護神，準備疏文是讓誠心的祈願可以完整傳達給神明，祭拜者將有機會獲得更為有力的保佑，在自己專長的行業中，創造更好的成績。所以在祭拜前也要搞懂行業祖師爺或守護神是誰，以免不小心拜錯了，既鬧笑話又難以受到保佑！

孚佑帝君為美髮業的守護神。

二〇一七年丁酉年年初開工開市吉時

正月初六	
卯時	上午五點至六點二十分
辰時	上午七點至八點二十分
巳時	上午九點至十一點
午時	上午十一點至十二點二十分
未時	下午一點至二點二十分
申時	下午三點至四點二十分
酉時	下午五點至六點二十分

◆各行業守護神例

行業別	守護神明
醫療業	保生大帝、華陀、神農大帝
製藥業	神農大帝
屠宰業	玄天上帝
美髮業	孚佑帝君
航海業	天上聖母、水仙尊王
木匠業	巧聖仙師
泥水業	荷葉仙師
商賈業	福德正神、關聖帝君、財神
軍警業	關聖帝君
命理業	鬼谷子
戲曲業	西秦王爺、田都將軍
運輸業	中壇元帥
教職業	文昌帝君、魁星
特種業	豬八戒

◆丁酉年初五迎財神吉時與祭拜

大年初五是傳統上「**迎財神**」的日子，在這天上午須要準備供品朝門口祭拜來**迎財神**，迎的則是「**五路財神**」，有兩種說法，比較常見的說法是「**東西南北中**」五路，分別是：

中路財神「玄壇真君—趙公明」

東路財神「進寶天尊—蕭升」

西路財神「納珍天尊—曹寶」

南路財神「招財使者—陳九公」

北路財神「利市仙官—姚少司」

拜「**五路財神**」的目的就是要收盡東南西北中「**五方之財**」。與「**五路財神**」類似的說法還有「**八路財神**」，**八路**指的就是一般常見的八個方位，不過民俗上對於八路財神究竟是哪幾位神明，並沒有明確的記載。

而「**文、武、義、富、偏**」五路財神的說法，除了上述的「**武財神—趙公明**」以外，還有：

忠貞事暴君的商朝忠臣「文財神—比干」

義薄雲天的三國武將「義財神—關公」

富可敵國的明朝富商「富財神—沈萬三」

生性好賭的漢朝名將「偏財神—韓信」

偏財神的「**偏**」，是指「**正財**」以外的財富，如兼職、自由業、買彩券、特種行業……等皆屬之。

黃帝地母經看流年

黃帝地母經共有六十首，是傳統上用來預測一年整體運勢的經文。今年為丁酉年，可以對照黃帝地母經裡的「丁酉」這一首詩，來看今年的整體預測。

以今年的經文來看，詩曰：

「太歲丁酉年，高低徒種植。
春夏遭淹沒，秋冬少流滴。
吳楚足咨嗟，荊楊處嘆息。
桑柘葉苗盛，天蟲中半失。
箱筐少絲綿，蠶娘無喜色。」

卜曰：

「歲逢丁酉年，蠶葉多偏頗。
豆麥有些兒，其苗高下可。
六畜瘴氣多，五穀不成顆。」

本年度的詩歌者與卜詞，預言了今年整體而言，不管在農事、畜牧或養蠶繅絲方面都會特別辛苦的一年。特別注意防範春夏間的洪澇，以及秋冬間可能發生的旱災，另外在牲畜的飼養上，也要特別注意疾病所帶來的損失。

以今天的角度來看，相同干支年的氣候都相同，似無科學根據，也不符合邏輯。另外預測的區域與台灣的氣候差異甚大，就台灣地區而言並不適用。儘管如此，從這些詩歌還是可以一窺過去人們的生活狀況，可視為一種十分有趣的民俗資料。

年度吉時

◆正月開工、開市吉日時

正月初六

卯時 上午 五點至六點二十分

辰時 上午 七點至八點二十分

巳時 下午 九點至十一點

午時 下午 十一點至十二點二十分

未時 下午 一點至二點二十分

申時 下午 三點至四點二十分

酉時 下午 五點至六點二十分

◆天赦吉日

正月二十四戊寅日

三月二十五戊寅日

四月十二甲午日

六月十三甲午日

七月二十八戊申日

十月十六甲子日

十二月十六甲子日

◆春社三伏日

春社日：二月二十五戊申日

秋社日：七月二十八戊申日

初伏日：六月十九庚子日

中伏日：六月二十九庚戌日

末伏日：閏六月二十日庚午日

丁酉年大利方位表

◆大利南北，不利東方

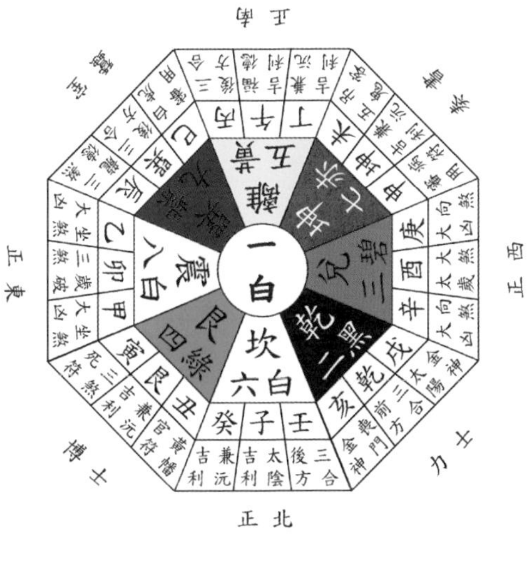

丁酉年安神煞方與安神法

由於傳統信仰與中國人慎終追遠的關係，大部分的人家裡都會有神桌，用來祭拜祖先與神明。而神桌或神龕的裝置有許多的學問，如果沒有小心注意，任意擺放的話，嚴重的時候，有可能會導致家裡不平靜，甚至是家運衰敗。

安神位的日子挑選，要注意避開與「**家人生肖**」相沖的日子，可挑選農民曆上標明適合「**祭祀**」的日子來進行。

「安神位」是件大事，必須避開與家人生肖相沖的日子。

◆安神與流年煞方

「**安神位**」要特別注意「**流年煞方**」。如果準備安神位的位置正巧碰上該年的流年煞方，除了延後安神之外，可以先安「**浮爐**」來化解，也就是在香爐下墊上「**桌墊**」。

一般可以使用**金紙**，先抽掉綑綁金紙的物品，再將第一張**金箔**抽掉（或是福金的第一張全部抽起），再將其用**紅紙**包住，將其墊在香爐下面即可，另外也可以使用**盤子**。**今年為雞年，流年煞方為「東方」，所以這方位不宜安神或修造**。

◆安神的方法

若搬新家，或只是神桌在家中換位置而需要「**安神位**」，要先挑選適當的日子，將**神明**與**祖先**按順序自原本位置請出，神明（雕像或畫像）

要用雙手捧。如果要離開室內，祖先牌位要裝在「**謝籃**」裡，下鋪刈金，撐黑色洋傘。

到新位置安神之前，牆壁先用「**刈金**」清淨，方法是將刈金點火以後，在將要安神位置的牆壁上「**擦**」一遍，安神的順序與請出時一樣，先安神位，後安祖先牌位。

祖先牌位不可高過神像，也不能置於神爐前，因祖先牌位屬「**陰**」，宜低宜退。擺好神位再將燭台、薦盒、香爐等擺放上去。**神像的位置要比祖先牌位略後，但神明香爐與杯子的位置，則要比祖先的略前。**

安好之後，準備**五果**、**三牲**、**湯圓**、**發粿**、**清茶**、**鮮花**等拜拜。並準備**大壽金**、**壽金**、**刈金**、**土地公金**，香燃過後燒化。安好的神位不可以再隨便移動，若要清潔則必須等到每年農曆十二月二十四日「**送神**」後，才可以進行。

◆安神之後拜地基主

安神位當天的黃昏時，要拜「**地基主**」。一般多在廚房擺一張小桌子祭拜，如果空間不夠，也可以把流理台當供桌，如果連接著流理台上剛好有窗，則可以朝窗外拜。如果沒有窗戶，則朝後門，或是廚房後方祭拜即可。

拜拜的供品使用日常家裡的飯菜即可。一般可以準備六道菜碗、一鍋飯、三杯酒、兩副碗筷及紙錢。簡單一點的，可以用一個**有菜有肉**的便當，加上三杯酒、兩副碗筷跟紙錢就可以了。

◆神桌擺放的注意事項

○神桌應擺放在前方視野遼闊的地方，代表「**明堂寬闊**」，家運才會步步高升。神桌不可以

安好神位的當天黃昏，要在廚房準備日常的飯菜拜地基主。

朝屋後，否則會導致「**家運衰退**」。

◯神桌的後方不能是樓梯或是電梯，因為向下的樓梯或電梯，都暗示「**家運衰退**」，特別是電梯上上下下，氣場混亂，影響更為嚴重。

◯神桌後方與正上方不能是瓦斯爐或者廚房，因為若是瓦斯爐則暗示「**火燒神明**」，而廁所則形同將神明祖先置於穢物旁，特別是神桌後方就是馬桶時，這樣的情形都會導致「**家運衰退**」。

◯如果神桌的後方是房間，夫妻或是**十二歲到六十五歲之間**的單身或已婚者，都要避免睡在這裡，以免影響夫妻感情，或不利姻緣。

◯如果神桌樓上的位置作為臥室，床要小心避開神桌所在的地方，否則因為壓住神明的關係，對於睡在這裡的人，身體上會有不好的影響。

◯神桌的上方不可以有橫樑通過，象徵挑著「**重擔**」，暗示一家人做事辛苦。另外這樣的狀況也容易導致家人有頭部方面的毛病。

◯神桌上方要避免擺放不相干的物品，特別是

人形雕塑或**玩具公仔**，因為神桌經常會受到**燒香膜拜**的關係，可能會有**不明的靈體**藉機進入這些人形物接受膜拜，會使家中出現怪事。

◯神桌的前方及左右，包括神桌底下，都要避免堆放物品，神桌正上方的樓上空間則要避免設置櫃子或是床鋪之類的大型家具，因為神桌若是被雜物擋住、壓住，家運容易受到影響。

◯神桌前面如果有安裝長型日光燈，要特別注意一定要與神桌**平行懸掛**，如果燈管的方向與神桌垂直，就如同一枝利箭直接射向神明與祖先，形成「**弓箭煞**」，除了對家人運勢有不好的影響外，也直接暗示了容易有意外血光的情形發生。

◯神桌的高度或與牆壁的距離，都要盡量合於「**魯班尺**」的吉字，如果場地有限制，至少高度需符合吉字。

◯神桌的左右也要特別注意，虎邊不可以太迫近牆邊，所謂「**迫虎傷人**」，神桌太靠近虎邊對於主人來說會有不良影響。神桌安置要穩固不搖晃，避免碰撞或地震時造成東西摔落。

◯民俗上認為「**龍怕臭，虎怕吵**」，因此神桌的左邊不能是廁所正沖，而右邊則不能擺放會發出聲音的家電，例如電視、音響、冰箱等。

二〇一七年 國曆一月	1	2	3	4	5
	日期星	一期星	二期星	三期星	四期星
農曆十二月 臘月 煞東方 朔日西風六畜災，綿絲五穀德成堆 最喜大寒無雨雪，太平冬盡賀春來	初四	初五	初六	初七	初八
	戊子	己丑	庚寅	辛卯	壬辰
	火	火	木	木	水
	建	除	滿	平	平定
	★	宜	宜	★	★
	諸事不宜	**宜** 祭祀、祈福、出行、嫁娶、解除、立券、交易、納財、安葬、入宅	**宜** 出行、嫁娶、解除、修造動土、豎柱上樑、開市、立券、交易、納財、破土、啟攢 **忌** 祭祀、納采、問名、移徙	**日逢受死日，不宜諸吉事**	**諸事不宜**
每日胎神占方	房床碓外正北	占門廁外正北	碓磨爐外正北	廚灶門外正北	倉庫栖外正北
每日沖煞年齡	沖馬15歲煞南	沖羊14歲煞東	沖猴13歲煞北	沖雞12歲煞西	沖狗11歲煞南

9	8	7	6	小寒
一期星	日期星	六期星	五期星	
刀砧日	天德合 月德合			
十二	十一	初十	初九	午時 11點56分
申丙	未乙	午甲	巳癸	
火	金	金	水	
危	破	執	定	
宜	宜	宜	宜	
宜祭祀、開市、納財、破土、安葬、入宅 **忌**祈福、納采、問名、安床、解除、立券、交易	**宜**祭祀、解除 **忌**祈福、出行、納采、問名、嫁娶、移徙、安床、修造動土、豎柱上樑、開市、立券、交易、納財、破土、安葬、啟攢	**宜**祭祀、入宅 **忌**祈福、納采、問名、安床、解除、立券、交易、納財、破土、安葬、啟攢	**宜**納采、問名、修造動土、豎柱上樑、立券、交易、納財、入宅 **忌**出行、嫁娶、解除、破土、安葬、啟攢	**斗指戊為小寒，時天氣漸寒，尚未大冷，故名小寒。** **節氣諺語：小寒大冷，人馬安。** 小寒時天氣應寒冷，人畜才會平安。
廚灶爐 房內北	碓磨廁 房內北	占門碓 房內北	占房床 房內北	
沖虎7歲煞南	沖牛8歲煞西	沖鼠9歲煞北	沖豬10歲煞東	

15	14	13	12	11	10
日期星	六期星	五期星	四期星	三期星	二期星
勿探病		天德 月德			刀砧日
十八	十七	十六	十五	十四	十三
壬寅	辛丑	庚子	己亥	戊戌	丁酉
金	土	土	木	木	火
除	建	閉	開	收	成
宜	宜	宜	宜	宜	★
宜 入宅 **忌** 祭祀、出行	**宜** 祭祀、祈福、納采、問名、解除、豎柱上樑、納財 **忌** 出行、嫁娶、移徙、修造動土、破土	**宜** 祭祀、安葬、啟攢 **忌** 移徙、修造動土、破土	**宜** 祭祀 **忌** 祈福、出行、納采、問名、嫁娶、移徙、安床、解除、修造動土、豎柱上樑、開市、立券、交易、納財、破土、安葬、啟攢	**宜** 祭祀 **忌** 祈福、出行、納采、問名、嫁娶、移徙、安床、解除、修造動土、豎柱上樑、開市、立券、交易、納財、破土、安葬、啟攢	**日逢受死日，不宜諸吉事**
倉庫爐 房內南	廚灶廁 房內南	占碓磨 房內南	占門床 房內南	房床栖 房內南	倉庫門 房內北
沖猴 1歲 煞北	沖羊 2歲 煞東	沖馬 3歲 煞南	沖蛇 4歲 煞西	沖龍 5歲 煞北	沖兔 6歲 煞東

16	17	18	19	20	大寒
星期一	星期二	星期三	星期四	星期五	
		天德合 月德合			
十九	二十	廿一	廿二	廿三	卯時 05點24分
癸卯	甲辰	乙巳	丙午	丁未	
金	火	火	水	水	
滿	平	定	執	破	
宜	★	宜	★	★	
宜祭祀 **忌**祈福、出行、納采、問名、嫁娶、移徙、安床、解除、修造動土、豎柱上樑、開市、立券、交易、納財、破土、安葬、啟攢	**諸事不宜**	**宜**祭祀、祈福、納采、問名、嫁娶、移徙、解除、修造動土、豎柱上樑、立券、交易、納財、入宅 **忌**出行	**忌**祈福、出行、納采、問名、嫁娶、移徙、安床、解除、修造動土、豎柱上樑、開市、立券、交易、納財、破土、安葬、啟攢	**諸事不宜**	**斗指癸為大寒，時大寒栗烈已極，故名大寒。** **節氣諺語：大寒不寒，春分不暖。** 大寒若天氣溫暖，表氣候不順，隔年春分仍會寒冷。
房床門 房內南	門雞棲 房內東	碓磨床 房內東	廚灶碓 房內東	倉庫廁 房內東	
沖雞60歲煞西	沖狗59歲煞南	沖豬58歲煞東	沖鼠57歲煞北	沖牛56歲煞西	

26	25	24	23	22	21
星期四	星期三	星期二	星期一	星期日	星期六
			天德 月德	天神下降日 刀砧日	送神日 刀砧日
廿九	廿八	廿七	廿六	廿五	廿四
癸丑	壬子	辛亥	庚戌	己酉	戊申
木	木	金	金	土	土
建	閉	開	收	成	危
★	宜	宜	宜	★	宜
忌祈福、出行、納采、問名、嫁娶、移徙、解除、修造動土、豎柱上樑、開市、立券、交易、納財、破土、安葬、啟攢	**宜**祭祀 **忌**祈福、出行、納采、問名、嫁娶、移徙、安床、解除、修造動土、豎柱上樑、開市、立券、交易、納財、破土、安葬	**宜**祭祀 **忌**祈福、出行、納采、問名、嫁娶、移徙、安床、解除、修造動土、豎柱上樑、開市、立券、交易、納財、破土、安葬、啟攢	**宜**祭祀	**日逢受死日，不宜諸吉事**	**宜**祭祀、開市、納財 **忌**祈福、納采、問名、安床、解除、立券、交易
房床廁 外東北	倉庫碓 外東北	廚灶床 外東北	碓磨栖 外東北	占大門 外東北	房床爐 房內東
沖羊 50歲 煞東	沖馬 51歲 煞南	沖蛇 52歲 煞西	沖龍 53歲 煞北	沖兔 54歲 煞東	沖虎 55歲 煞南

31	30	29	28	27
二期星	一期星	日期星	六期星	五期星
孫真人聖誕			春節 天德合 月德合 勿探病	除夕 勿探病
初四	初三	初二	正月	三十
戊午	丁巳	丙辰	乙卯	甲寅
火	土	土	水	水
執	定	平	滿	除
★	★	★	宜	宜
忌祈福、出行、納采、問名、嫁娶、移徙、安床、解除、修造動土、豎柱上樑、開市、立券、交易、納財、破土、安葬、啟攢	**忌**祈福、出行、納采、問名、嫁娶、移徙、安床、解除、修造動土、豎柱上樑、開市、立券、交易、納財、破土、安葬、啟攢	**諸事不宜**	**宜**祭祀、祈福、出行、納采、問名、嫁娶、移徙、解除、豎柱上樑、開市、立券、交易、納財、安葬、啟攢 **忌**修造動土、破土	**宜**入宅 **忌**祭祀、出行、納采、問名、嫁娶
房床碓外正東	倉庫床外正東	廚灶栖外正東	碓磨門外正東	占門爐外東北
沖鼠46歲煞北	沖豬47歲煞東	沖狗48歲煞南	沖雞49歲煞西	沖猴49歲煞北

二○一七年 國曆二月	1	2	3	立春
	三期星	四期星	五期星	
		天德 月德 刀砧日 清水祖師聖誕	月德合	
農曆一月 端月 煞北方	初五	初六	初七	子時 23點34分
	己未	庚申	辛酉	
	火	木	木	
	破	危	危成	
	宜	宜	★	
立春最喜晴一日，元旦景雲光齊天 雨水連綿是豐年，農夫不用力耕田	**宜**祭祀 **忌**祈福、出行、納采、問名、嫁娶、移徙、安床、修造動土、豎柱上樑、開市、立券、交易、納財、破土、安葬、啟攢	**宜**祭祀、出行、移徙、修造動土、豎柱上樑、開市、立券、交易、納財、破土、安葬、入宅 **忌**祈福、納采、問名、嫁娶、安床、解除	**諸事不宜**	**斗指東北維為立春，時春氣始至，四時之卒始，故名立春也。** **節氣諺語：立春打雷，十處豬欄九處空。** 立春這天如果打雷，會六畜不安。相反的，雷不打春，今年一定好年冬。
每日胎神占方	占門廁外正東	碓磨爐外東南	廚灶門外東南	
每日沖煞年齡	沖牛45歲煞西	沖虎44歲煞南	沖兔43歲煞東	

丁酉年每日宜忌

9	8	7	6	5	4
四期星	三期星	二期星	一期星	日期星	六期星
關聖帝君飛昇日	月德		刀砧日	刀砧日 玉皇大帝聖誕	天德合
十三	十二	十一	初十	初九	初八
丁卯	丙寅	乙丑	甲子	癸亥	壬戌
火	火	金	金	水	水
除	建	閉	開	收	成
宜	宜	★	宜	宜	★
宜祭祀、祈福、出行、納采、問名、嫁娶、移徙、解除、修造動土、豎柱上樑、立券、交易、納財、破土、安葬、啟攢	**宜**納采、問名、解除、豎柱上樑、立券、交易、納財、安葬、啟攢 **忌**祭祀、出行、嫁娶、移徙、修造動土、破土	**諸事不宜**	**宜**祭祀 **忌**納采、問名、嫁娶、破土、安葬、啟攢	**宜**祭祀 **忌**嫁娶、破土、安葬、啟攢	**日逢受死日，不宜諸吉事**
倉庫門外正南	廚灶爐外正南	碓磨廁外東南	占門碓外東南	占房床外東南	倉庫栖外東南
沖雞37歲煞西	沖猴38歲煞北	沖羊39歲煞東	沖馬40歲煞南	沖蛇41歲煞西	沖龍42歲煞北

10	11	12	13	14
星期五	星期六	星期日	星期一	星期二
	元宵節 天官聖誕	勿探病	月德合	天德合
十四	十五	十六	十七	十八
戊辰	己巳	庚午	辛未	壬申
木	木	土	土	金
滿	平	定	執	破
宜	★	宜	宜	宜
宜祭祀、祈福 **忌**納采、問名、嫁娶、開市、立券、交易、納財	**忌**祈福、出行、納采、問名、嫁娶、移徙、安床、解除、修造動土、豎柱上樑、開市、立券、交易、納財、破土、安葬、啟攢	**宜**祭祀、祈福、出行、納采、問名、嫁娶、移徙、豎柱上樑、開市、立券、交易、納財、安葬、入宅 **忌**解除、修造動土、破土	**宜**祭祀、祈福、出行、納采、問名、嫁娶、移徙、解除、修造動土、豎柱上樑、安葬、入宅	**宜**祭祀、解除 **忌**祈福、出行、納采、問名、嫁娶、移徙、安床、修造動土、豎柱上樑、開市、立券、交易、納財、破土、安葬、啟攢
房床栖外正南	占門床外正南	占碓磨外正南	廚灶廁外西南	倉庫爐外西南
沖狗36歲煞南	沖豬35歲煞東	沖鼠34歲煞北	沖牛33歲煞西	沖虎32歲煞南

雨水	18	17	16	15
	星期六	星期五	星期四	星期三
	月德 刀砧日	刀砧日		
戌時 19點31分	廿二	廿一	二十	十九
	丙子	乙亥	甲戌	癸酉
	水	火	火	金
	開	收	成	危
	宜	宜	★	宜
斗指壬為雨水，時東風解凍，冰雪皆散而為水，化而為雨，故名雨水。 **節氣諺語：雨水，海水卡冷鬼。** 雨水時節雖已入春，但溫度仍低，海水摸起來還是非常冷冽。	**宜**祭祀、祈福、出行、納采、問名、嫁娶、移徙、解除、修造動土、豎柱上樑、開市、納財	**宜**祭祀、祈福、出行、納采、問名、移徙、修造動土、豎柱上樑、開市、立券、交易、納財、入宅 **忌**嫁娶	**日逢受死日，不宜諸吉事**	**宜**祭祀、破土、安葬、入宅 **忌**祈福、出行、納采、問名、嫁娶、移徙、安床、解除、修造動土、豎柱上樑、開市、立券、交易、納財
	廚灶碓 外西南	碓磨床 外西南	門碓栖 外西南	房床門 外西南
	沖馬28歲煞南	沖蛇29歲煞西	沖龍30歲煞北	沖兔31歲煞東

23	22	21	20	19
星期四	星期三	星期二	星期一	星期日
月德合		勿探病	天赦日	天德
廿七	廿六	廿五	廿四	廿三
辛巳	庚辰	己卯	戊寅	丁丑
金	金	土	土	水
平	滿	除	建	閉
宜	宜	宜	宜	宜
宜 祭祀 **忌** 祈福、出行、解除	**宜** 祭祀、祈福 **忌** 納采、問名、嫁娶、開市、立券、交易、納財	**宜** 出行、嫁娶、解除、立券、交易、入宅	**宜** 納采、問名、解除、豎柱上樑、立券、交易、納財、安葬 **忌** 祭祀、出行、嫁娶、移徙、修造動土、破土	**宜** 祭祀 **忌** 祈福、出行、納采、問名、嫁娶、移徙、安床、解除、修造動土、豎柱上樑、開市、立券、交易、破土、安葬、啟攢
廚灶床外正西	碓磨栖外正西	占大門外正西	房床爐外正西	倉庫廁外正西
沖豬23歲煞東	沖狗24歲煞南	沖雞25歲煞西	沖猴26歲煞北	沖羊27歲煞東

丁酉年每日宜忌

28	27	26	25	24
星期二	星期一	星期日	星期六	星期五
月德 文昌帝君 聖誕	福德正神 千秋			天德合 勿探病
初三	初二	二月	廿九	廿八
丙戌	乙酉	甲申	癸未	壬午
土	水	水	木	木
成	危	破	執	定
★	宜	宜	★	宜
日逢受死日，不宜諸吉事	**宜**祭祀、破土、安葬、入宅 **忌**祈福、出行、納采、問名、嫁娶、移徙、安床、解除、修造動土、豎柱上樑、開市、立券、交易、納財	**宜**祭祀、解除 **忌**祈福、出行、納采、問名、嫁娶、移徙、安床、修造動土、豎柱上樑、開市、立券、交易、納財、破土、安葬、啟攢	**忌**開市、立券、交易、納財	**宜**祭祀、祈福、出行、納采、問名、嫁娶、移徙、解除、修造動土、豎柱上樑、開市、立券、交易、納財、破土、安葬、入宅
廚灶栖 外西北	碓磨門 外西北	占門爐 外西北	房床廁 外西北	倉庫碓 外西北
沖龍 18歲 煞北	沖兔 19歲 煞東	沖虎 20歲 煞南	沖牛 21歲 煞西	沖鼠 22歲 煞北

二〇一七年 國曆三月	1	2	3	4	5
	星期三	星期四	星期五	星期六	星期日
	天德 刀砧日	刀砧日			
農曆二月 花月 煞西方	初四	初五	初六	初七	初八
	丁亥	戊子	己丑	庚寅	辛卯
	土	火	火	木	木
	收	開	閉	建	建除
	宜	宜	★	宜	宜
驚蟄聞雷米似泥，春分有雨病人稀 月中但得逢三卯，處處棉花豆麥宜	**宜** 祭祀、祈福、出行、納采、問名、移徙、解除、修造動土、豎柱上樑、開市、立券、交易、納財 **忌** 嫁娶	**宜** 祭祀 **忌** 納采、問名、嫁娶、破土、安葬、啟攢	**諸事不宜**	**宜** 立券、交易、納財 **忌** 祭祀、祈福、出行、納采、問名、嫁娶、移徙、修造動土、豎柱上樑、破土、安葬、啟攢	**宜** 祭祀、出行、立券、交易 **忌** 祈福、納采、問名、嫁娶、解除、修造動土、豎柱上樑、破土、安葬、啟攢
每日胎神占方	倉庫床外西北	房床碓外正北	占門廁外正北	碓磨爐外正北	廚灶門外正北
每日沖煞年齡	沖蛇17歲煞西	沖馬16歲煞南	沖羊15歲煞東	沖猴14歲煞北	沖雞13歲煞西

驚蟄

酉時 17點33分

斗指丁為驚蟄，雷鳴動，蟄蟲皆震起而出，故名驚蟄。

節氣諺語：未驚蟄打雷，會四十九日烏。

如果驚蟄之前就打雷，會連續下四十九天雨。

6	7	8	9	10
一期星	二期星	三期星	四期星	五期星
		月德		
初九	初十	十一	十二	十三
壬辰	癸巳	甲午	乙未	丙申
水	水	金	金	火
除	滿	平	定	執
★	宜	宜	宜	宜
日逢受死日，不宜諸吉事	**宜** 祭祀、祈福、開市、立券、交易、納財 **忌** 出行、納采、問名、嫁娶、移徙、修造動土、破土、安葬、啟攢	**宜** 祭祀	**宜** 祭祀、祈福、納財、入宅 **忌** 出行、納采、問名、嫁娶、移徙、安床、解除、修造動土、豎柱上樑、開市、立券、交易、破土、安葬、啟攢	**宜** 祭祀、入宅 **忌** 祈福、出行、納采、問名、嫁娶、移徙、安床、解除、修造動土、豎柱上樑、開市、立券、交易、納財、破土、安葬、啟攢
倉庫栖外正北	占房床房內北	占門碓房內北	碓磨廁房內北	廚灶爐房內北
沖狗12歲煞南	沖豬11歲煞東	沖鼠10歲煞北	沖牛9歲煞西	沖虎8歲煞南

16	15	14	13	12	11
四期星	**三期星**	**二期星**	**一期星**	**日期星**	**六期星**
勿探病 觀世音菩薩聖誕		刀砧日	月德合 刀砧日 開漳聖王千秋	三山國王千秋	
十九	**十八**	**十七**	**十六**	**十五**	**十四**
壬寅	辛丑	庚子	己亥	戊戌	丁酉
金	土	土	木	木	火
閉	開	收	成	危	破
宜	**宜**	★	**宜**	★	★
宜 立券、交易、納財、破土、啟攢 **忌** 祭祀、祈福、出行、納采、問名、嫁娶、移徙、安床、解除、修造動土、豎柱上樑、開市	**宜** 祭祀、祈福、出行、移徙、解除、修造動土、豎柱上樑、入宅 **忌** 開市、立券、交易、納財	**諸事不宜**	**宜** 祭祀、祈福、出行、納采、問名、移徙、解除、修造動土、豎柱上樑、開市、立券、交易、納財、入宅 **忌** 嫁娶	**忌** 祈福、出行、解除、修造動土、豎柱上樑	**諸事不宜**
倉庫爐 房內南	廚灶廁 房內南	占碓磨 房內南	占門床 房內南	房床栖 房內南	倉庫門 房內北
沖猴 2歲 煞北	沖羊 3歲 煞東	沖馬 4歲 煞南	沖蛇 5歲 煞西	沖龍 6歲 煞北	沖兔 7歲 煞東

春分	20	19	18	17
	星期一	星期日	星期六	星期五
			月德 普賢菩薩聖誕	
酉時 18點29分	廿三	廿二	廿一	二十
	丙午	乙巳	甲辰	癸卯
	水	火	火	金
	平	滿	除	建
	宜	宜	★	宜
斗指壬為春分，日行周天，南北兩半球晝夜均分，又當春之半，故名。 **節氣諺語：春分，日暝對分。** 春分到，晝夜各半，平均為十二小時。	**宜** 祭祀 **忌** 祈福、出行、納采、問名、嫁娶、移徙、安床、解除、修造動土、豎柱上樑、開市、立券、交易、納財、破土、安葬、啟攢	**宜** 祭祀、祈福、開市、立券、交易、納財 **忌** 出行、納采、問名、嫁娶、移徙、修造動土、破土、安葬、啟攢	**日逢受死日，不宜諸吉事**	**宜** 祭祀、出行、立券、交易 **忌** 祈福、納采、問名、嫁娶、解除、修造動土、豎柱上樑、破土、安葬、啟攢
	廚灶碓 房內東	碓磨床 房內東	門雞棲 房內東	房床門 房內南
	沖鼠 58歲 煞北	沖豬 59歲 煞東	沖狗 60歲 煞南	沖雞 1歲 煞西

21	22	23	24	25	26
星期二	星期三	星期四	星期五	星期六	星期日
	春社日	月德合		刀砧日	刀砧日
廿四	廿五	廿六	廿七	廿八	廿九
丁未	戊申	己酉	庚戌	辛亥	壬子
水	土	土	金	金	木
定	執	破	危	成	收
宜	★	★	★	宜	★
宜祭祀、祈福、出行、移徙、修造動土、豎柱上樑、立券、交易、納財 **忌**納采、問名、嫁娶、解除	**忌**祈福、出行、納采、問名、嫁娶、移徙、安床、解除、修造動土、豎柱上樑、開市、立券、交易、納財、破土、安葬、啟攢	**諸事不宜**	**忌**祈福、出行、解除、修造動土、豎柱上樑	**宜**出行、納采、問名、移徙、修造動土、豎柱上樑、開市、立券、交易、納財、入宅 **忌**嫁娶、破土、安葬、啟攢	**諸事不宜**
倉庫廁 房內東	房床爐 房內東	占大門 外東北	碓磨栖 外東北	廚灶床 外東北	倉庫碓 外東北
沖牛57歲煞西	沖虎56歲煞南	沖兔55歲煞東	沖龍54歲煞北	沖蛇53歲煞西	沖馬52歲煞南

31	30	29	28	27
五期星	四期星	三期星	二期星	一期星
		勿探病	月德 勿探病	
初四	初三	初二	三月	三十
丁巳	丙辰	乙卯	甲寅	癸丑
土	土	水	水	木
滿	除	建	閉	開
宜	★	宜	宜	宜
宜 祭祀、祈福、納采、問名、解除、豎柱上樑、開市、立券、交易、納財 **忌** 出行、嫁娶、移徙、修造動土、破土、安葬、啟攢	**日逢受死日，不宜諸吉事**	**宜** 祭祀、出行、立券、交易 **忌** 祈福、納采、問名、嫁娶、解除、修造動土、豎柱上樑、破土、安葬、啟攢	**宜** 立券、交易、納財、破土、安葬、啟攢 **忌** 祭祀、祈福、納采、問名、嫁娶、移徙、解除	**宜** 祭祀、祈福、出行、移徙、解除、豎柱上樑、入宅 **忌** 納采、問名、嫁娶、修造動土、開市、立券、交易、納財、破土
倉庫床 外正東	廚灶栖 外正東	碓磨門 外正東	占門爐 外東北	房床廁 外東北
沖豬47歲煞東	沖狗48歲煞南	沖雞49歲煞西	沖猴50歲煞北	沖羊51歲煞東

二〇一七年 國曆四月小

國曆	1	2	3	4
星期	六期星	日期星	一期星	二期星
備註		月德合 濟公活佛 成道日		
農曆三月 桐月 煞南方	初五	初六	初七	初八
干支	戊午	己未	庚申	辛酉
五行	火	火	木	木
建除	平	定	執	執破
	宜	宜	★	宜
宜忌	宜 祭祀 忌 祈福、出行、納采、問名、嫁娶、移徙、安床、解除、修造動土、豎柱上樑、開市、立券、交易、納財、破土、安葬、啟攢	宜 祭祀、祈福、出行、移徙、解除、修造動土、豎柱上樑、立券、交易、納財、安葬、入宅 忌 納采、問名、嫁娶	忌 祈福、出行、納采、問名、嫁娶、移徙、安床、解除、修造動土、豎柱上樑、開市、立券、交易、納財、破土、安葬、啟攢	宜 祭祀 忌 祈福、出行、納采、問名、嫁娶、移徙、安床、解除、修造動土、豎柱上樑、開市、立券、交易、納財、破土、安葬、啟攢
每日胎神占方	房床碓 外正東	占門廁 外正東	碓磨爐 外東南	廚灶門 外東南
每日沖煞年齡	沖鼠 46歲 煞北	沖牛 45歲 煞西	沖虎 44歲 煞南	沖兔 43歲 煞東

風雨相逢初一頭，沿村瘟疫萬人憂
清明風若從南至，定是農家有大收

清明

亥時 22點17分

斗指丁為清明，時萬物潔顯而清明，時當氣清景明，故名。

節氣諺語：清明芋，穀雨薑。

清明時節是為適合種植芋頭、而接下來的穀雨則是可以種生薑的時候。

丁酉年每日宜忌

5	6	7	8	9	10
星期三	星期四	星期五	星期六	星期日	星期一
天德 月德	刀砧日	刀砧日			天德合 月德合
初九	初十	十一	十二	十三	十四
壬戌	癸亥	甲子	乙丑	丙寅	丁卯
水	水	金	金	火	火
破	危	成	收	開	閉
宜	★	宜	宜	宜	宜
宜祭祀、解除 **忌**祈福、出行、納采、問名、嫁娶、移徙、安床、修造動土、豎柱上樑、開市、立券、交易、納財、破土、安葬、啟攢	**日逢受死日，不宜諸吉事**	**宜**祭祀、祈福、出行、豎柱上樑、開市、立券、交易、納財 **忌**納采、問名、嫁娶、移徙、修造動土、破土、安葬	**宜**祭祀、納財 **忌**祈福、出行、納采、問名、嫁娶、移徙、安床、解除、修造動土、豎柱上樑、開市、立券、交易、破土、安葬、啟攢	**宜**出行、納采、問名、移徙、解除、修造動土、豎柱上樑、開市、立券、交易、納財、入宅 **忌**祭祀、嫁娶	**宜**祭祀
倉庫栖 外東南	占房床 外東南	占門碓 外東南	碓磨廁 外東南	廚灶爐 外正南	倉庫門 外正南
沖龍42歲煞北	沖蛇41歲煞西	沖馬40歲煞南	沖羊39歲煞東	沖猴38歲煞北	沖雞37歲煞西

16	15	14	13	12	11
星期日	星期六	星期五	星期四	星期三	星期二
註生娘娘千秋	天德 月德 太陽星君聖誕		勿探病	準提菩薩聖誕	保生大帝聖誕
二十	十九	十八	十七	十六	十五
癸酉	壬申	辛未	庚午	己巳	戊辰
金	金	土	土	木	木
執	定	平	滿	除	建
宜	宜	★	宜	宜	★
宜 祭祀、祈福、嫁娶、解除、安葬 **忌** 修造動土、開市、立券、交易、納財、破土	**宜** 祭祀 **忌** 出行、納采、問名、嫁娶、移徙、安床	**諸事不宜**	**宜** 祭祀 **忌** 祈福、出行、納采、問名、嫁娶、移徙、安床、解除、修造動土、豎柱上樑、開市、立券、交易、納財、破土、安葬、啟攢	**宜** 入宅 **忌** 祈福、出行、納采、問名、嫁娶、移徙、安床、修造動土、豎柱上樑、破土、安葬、啟攢	**諸事不宜**
房床門外西南	倉庫爐外西南	廚灶廁外西南	占碓磨外正南	占門床外正南	房床栖外正南
沖兔31歲煞東	沖虎32歲煞南	沖牛33歲煞西	沖鼠34歲煞北	沖豬35歲煞東	沖狗36歲煞南

穀雨 / 卯時 05點 27分	20	19	18	17
	星期四	星期三	星期二	星期一
	天德合 月德合	天上聖母聖誕 刀砧日	刀砧日	
	廿四	廿三	廿二	廿一
	丁丑	丙子	乙亥	甲戌
	水	水	火	火
	收	成	危	破
	宜	宜	★	宜

20（星期四）
宜 祭祀、祈福、出行、納采、問名、嫁娶、移徙、解除、修造動土、豎柱上樑、納財、安葬

19（星期三）
宜 祭祀、祈福、出行、納采、問名、嫁娶、解除、修造動土、豎柱上樑、開市、立券、交易、納財、破土、啟攢
忌 移徙

18（星期二）
★ 日逢受死日，不宜諸吉事

17（星期一）
宜 祭祀、解除
忌 祈福、出行、納采、問名、嫁娶、移徙、安床、修造動土、豎柱上樑、開市、立券、交易、納財、破土、安葬、啟攢

	20	19	18	17
胎神方位	外正西 倉庫廁	外西南 廚灶碓	外西南 碓磨床	外西南 門碓栖
沖煞	煞東 沖歲羊27	煞南 沖歲馬28	煞西 沖歲蛇29	煞北 沖歲龍30

斗指癸為穀雨。
時必雨下降，百穀生也。

節氣諺語：穀雨前三日無茶挽，穀雨後三日挽不及。
這是指穀雨左右要開始摘採春茶、製春茶，這段期間茶農最為忙碌。

21	22	23	24	25
星期五	星期六	星期日	星期一	星期二
天赦日	勿探病 鬼谷先師千秋		東嶽大帝聖誕	天德 月德 勿探病
廿五	廿六	廿七	廿八	廿九
戊寅	己卯	庚辰	辛巳	壬午
土	土	金	金	木
開	閉	建	除	滿
宜	★	★	★	宜
宜出行、納采、問名、嫁娶、移徙、解除、修造動土、豎柱上樑、開市、立券、交易、入宅 **忌**祭祀	**忌**祈福、出行、納采、問名、嫁娶、移徙、安床、解除、修造動土、豎柱上樑、開市、立券、交易、納財、破土、安葬、啟攢	**諸事不宜**	**忌**祈福、出行、納采、問名、嫁娶、移徙、安床、修造動土、豎柱上樑、破土、安葬、啟攢	**宜**祭祀、祈福、出行、納采、問名、嫁娶、移徙、解除、豎柱上樑、開市、立券、交易、納財、安葬 **忌**修造動土、破土
房床爐 外正西	占大門 外正西	碓磨栖 外正西	廚灶床 外正西	倉庫碓 外西北
沖猴26歲 煞北	沖雞25歲 煞西	沖狗24歲 煞南	沖豬23歲 煞東	沖鼠22歲 煞北

丁酉年每日宜忌

26	27	28	29	30
星期三	星期四	星期五	星期六	星期日
			文殊菩薩聖誕	天德合 月德合 刀砧日
四月	**初二**	**初三**	**初四**	**初五**
癸未	甲申	乙酉	丙戌	丁亥
木	水	水	土	土
平	定	執	破	危
★	★	**宜**	**宜**	★
諸事不宜	**忌**祈福、出行、納采、問名、嫁娶、移徙、安床、解除、修造動土、豎柱上樑、開市、立券、交易、納財、破土、安葬、啟攢	**宜**祭祀、祈福、出行、納采、問名、嫁娶、移徙、解除、豎柱上樑、開市、立券、交易、納財、安葬、入宅 **忌**修造動土、破土	**宜**祭祀、解除 **忌**祈福、出行、納采、問名、嫁娶、移徙、安床、修造動土、豎柱上樑、開市、立券、交易、納財、破土、安葬、啟攢	**日逢受死日，不宜諸吉事**
房床廁外西北	占門爐外西北	碓磨門外西北	廚灶栖外西北	倉庫床外西北
沖牛21歲煞西	沖虎20歲煞南	沖兔19歲煞東	沖龍18歲煞北	沖蛇17歲煞西

二〇一七年 國曆五月大	1	2	3	4	5
	星期一	星期二	星期三	星期四	星期五
	刀砧日		佛陀誕辰紀念日		
農曆四月 梅月 煞東方	初六	初七	初八	初九	初十
	戊子	己丑	庚寅	辛卯	壬辰
	火	火	木	木	水
	成	收	開	閉	閉建
	宜	宜	宜	★	★
立夏東風少病痾，晴逢初八果生多 雷鳴甲子庚辰日，定主蝗蟲侵損禾	**宜** 祭祀、祈福、出行、納采、問名、嫁娶、修造動土、豎柱上樑、開市、立券、交易、納財 **忌** 移徙、破土、安葬、啟攢	**宜** 祭祀、納財 **忌** 祈福、出行、納采、問名、嫁娶、移徙、安床、解除、修造動土、豎柱上樑、開市、立券、交易、破土、安葬、啟攢	**宜** 出行、納采、問名、移徙、解除、修造動土、豎柱上樑、開市、立券、交易、納財 **忌** 祭祀、嫁娶	**忌** 祈福、出行、納采、問名、嫁娶、移徙、安床、解除、修造動土、豎柱上樑、開市、立券、交易、納財、破土、安葬、啟攢	**諸事不宜**
每日胎神占方	房床碓外正北	占門廁外正北	碓磨爐外正北	廚灶門外正北	倉庫栖外正北
每日沖煞年齡	沖馬16歲煞南	沖羊15歲煞東	沖猴14歲煞北	沖雞13歲煞西	沖狗12歲煞南

立夏

申時 15點31分

斗指東南維為立夏，萬物至此皆已長大，故名立夏。

節氣諺語：立夏，補老父。

民俗上，立夏日要為年老的父親進補。

日	星期	節日	農曆	干支	五行	建除		宜忌	胎神	沖煞
6	星期六		十一	癸巳	水	建	★	**日逢受死日，不宜諸吉事**	占房床房內北	沖豬11歲煞東
7	星期日	天赦日	十二	甲午	金	除	宜	**宜** 祭祀、祈福、出行、納采、問名、嫁娶、移徙、解除、修造動土、豎柱上樑、破土、安葬、入宅	占門碓房內北	沖鼠10歲煞北
8	星期一		十三	乙未	金	滿	宜	**宜** 祭祀 **忌** 出行、納采、問名、嫁娶、移徙	碓磨廁房內北	沖牛9歲煞西
9	星期二	天德合 純陽祖師聖誕	十四	丙申	火	平	宜	**宜** 祭祀、出行、納采、問名、嫁娶、移徙、修造動土、豎柱上樑、開市、立券、交易、納財	廚灶爐房內北	沖虎8歲煞南
10	星期三		十五	丁酉	火	定	宜	**宜** 出行、納采、問名、嫁娶、移徙、修造動土、豎柱上樑、開市、立券、交易、納財、破土、安葬、入宅 **忌** 解除	倉庫門房內北	沖兔7歲煞東

15	14	13	12	11
星期一	星期日	星期六	星期五	星期四
刀砧日 勿探病	天德	月德		
二十	十九	十八	十七	十六
壬寅	辛丑	庚子	己亥	戊戌
金	土	土	木	木
收	成	危	破	執
★	宜	宜	宜	宜
忌祭祀、祈福、出行、納采、問名、嫁娶、移徙、安床、解除、修造動土、豎柱上樑、開市、立券、交易、納財、破土、安葬、啟攢	**宜**祭祀、祈福、出行、納采、問名、嫁娶、解除、修造動土、豎柱上樑、開市、立券、交易、納財、安葬 **忌**移徙	**宜**祭祀、祈福、出行、納采、問名、嫁娶、移徙、安床、解除、修造動土、豎柱上樑、破土、安葬、啟攢、入宅	**宜**祭祀、解除 **忌**祈福、出行、納采、問名、嫁娶、移徙、安床、修造動土、豎柱上樑、開市、立券、交易、納財、破土、安葬、啟攢	**宜**祭祀、祈福、納采、問名、嫁娶、移徙、解除、修造動土、豎柱上樑、入宅 **忌**出行、開市、立券、交易、納財
倉庫爐 房內南	廚灶廁 房內南	占碓磨 房內南	占門床 房內南	房床栖 房內南
沖猴 2歲 煞北	沖羊 3歲 煞東	沖馬 4歲 煞南	沖蛇 5歲 煞西	沖龍 6歲 煞北

16	17	18	19	20	21
星期二	星期三	星期四	星期五	星期六	星期日
刀砧日 托塔天王聖誕		月德合	天德合		神農大帝聖誕
廿一	廿二	廿三	廿四	廿五	廿六
癸卯	甲辰	乙巳	丙午	丁未	戊申
金	火	火	水	水	土
開	閉	建	除	滿	平
宜	★	★	宜	宜	宜
宜 祭祀	**諸事不宜**	**日逢受死日，不宜諸吉事**	**宜** 祭祀、入宅 **忌** 祈福、出行、納采、問名、嫁娶、移徙、安床、解除、修造動土、豎柱上樑、開市、立券、交易、納財、破土、安葬、啟攢	**宜** 祭祀 **忌** 祈福、出行、納采、問名、嫁娶、移徙、安床、解除、修造動土、豎柱上樑、開市、立券、交易、納財、破土、安葬、啟攢	**宜** 祭祀 **忌** 祈福、安床
房床門 房內南	門雞栖 房內東	碓磨床 房內東	廚灶碓 房內東	倉庫廁 房內東	房床爐 房內東
沖雞 1歲 煞西	沖狗 60歲 煞南	沖豬 59歲 煞東	沖鼠 58歲 煞北	沖牛 57歲 煞西	沖虎 56歲 煞南

小滿	22	23	24	25
	一期星	二期星	三期星	四期星
	范五王爺千秋	月德	天德	
寅時 04點31分	廿七	廿八	廿九	三十
	己酉	庚戌	辛亥	壬子
	土	金	金	木
	定	執	破	危
	宜	宜	宜	★
斗指甲為小滿，萬物長於此少得盈滿，麥至此方，小滿而未全熟，故名。 **節氣諺語：小滿櫃，芒種穗。** 水稻在小滿前後開始含苞，到芒種左右會吐穗開花。	**宜**祭祀、祈福、出行、納采、問名、嫁娶、移徙、豎柱上樑、開市、立券、交易、納財、安葬、入宅 **忌**解除、修造動土、破土	**宜**祭祀、祈福、納采、問名、嫁娶、移徙、解除、修造動土、豎柱上樑、安葬 **忌**出行	**宜**祭祀、解除 **忌**祈福、出行、納采、問名、嫁娶、移徙、安床、修造動土、豎柱上樑、開市、立券、交易、納財、破土、安葬、啟攢	**忌**祈福、出行、納采、問名、嫁娶、移徙、安床、解除、修造動土、豎柱上樑、開市、立券、交易、納財、破土、安葬、啟攢
	占大門外東北	碓磨栖外東北	廚灶床外東北	倉庫碓外東北
	沖兔55歲煞東	沖龍54歲煞北	沖蛇53歲煞西	沖馬52歲煞南

丁酉年每日宜忌

31	30	29	28	27	26
三期星	二期星	一期星	日期星	六期星	五期星
清水祖師成道日	端午節	天德合	月德合 刀砧日 勿探病	刀砧日 勿探病	
初六	初五	初四	初三	初二	五月
戊午	丁巳	丙辰	乙卯	甲寅	癸丑
火	土	土	水	水	木
除	建	閉	開	收	成
宜	★	宜	宜	★	宜
宜祭祀、入宅 **忌**祈福、出行、納采、問名、嫁娶、移徙、安床、解除、修造動土、豎柱上樑、開市、立券、交易、納財	**日逢受死日，不宜諸吉事**	**宜**祭祀 **忌**祈福、出行、納采、問名、嫁娶、移徙、安床、解除、修造動土、豎柱上樑、開市、立券、交易、納財、破土、安葬、啟攢	**宜**祭祀、祈福、出行、納采、問名、嫁娶、移徙、解除、修造動土、豎柱上樑、開市、立券、交易、納財	**忌**祭祀、祈福、出行、納采、問名、嫁娶、移徙、安床、解除、修造動土、豎柱上樑、開市、立券、交易、納財、破土、安葬、啟攢	**宜**出行、修造動土、豎柱上樑、開市、立券、交易、納財 **忌**納采、問名、嫁娶、移徙
房床碓外正東	倉庫床外正東	廚灶栖外正東	碓磨門外正東	占門爐外東北	房床廁外東北
沖鼠46歲煞北	沖豬47歲煞東	沖狗48歲煞南	沖雞49歲煞西	沖猴50歲煞北	沖羊51歲煞東

二〇一七年 國曆六月大	1	2	3	4	5
	星期四	星期五	星期六	星期日	星期一
	巧聖先師聖誕	月德	天德		天下都城隍千秋
農曆五月 蒲月 煞北方	初七	初八	初九	初十	十一
	己未	庚申	辛酉	壬戌	癸亥
	火	木	木	水	水
	滿	平	定	執	執破
	宜	宜	宜	宜	宜
端陽有雨是豐年，芒種聞雷美亦然 夏至風從西北起，瓜蔬園內受熬煎	**宜** 祭祀 **忌** 祈福、出行、納采、問名、嫁娶、移徙、安床、解除、修造動土、豎柱上樑、開市、立券、交易、納財、破土、安葬、啟攢	**宜** 祭祀、出行、移徙、修造動土、豎柱上樑、開市、立券、交易、納財、破土、安葬 **忌** 祈福、納采、問名、嫁娶、安床、解除	**宜** 祭祀、祈福、出行、納采、問名、嫁娶、移徙、解除、修造動土、豎柱上樑、開市、立券、交易、納財、破土、安葬、入宅	**宜** 解除 **忌** 出行、開市、立券、交易、納財	**宜** 祭祀 **忌** 祈福、出行、納采、問名、嫁娶、移徙、安床、解除、修造動土、豎柱上樑、開市、立券、交易、納財、破土、安葬、啟攢
每日胎神占方	占門廁 外正東	碓磨爐 外東南	廚灶門 外東南	倉庫栖 外東南	占房床 外東南
每日沖煞年齡	沖牛45歲煞西	沖虎44歲煞南	沖兔43歲煞東	沖龍42歲煞北	沖蛇41歲煞西

芒種	6	7	8	9	10
	二期星	三期星	四期星	五期星	六期星
		霞海城隍千秋	月德 刀砧日	刀砧日	
戌時 19點37分	十二	十三	十四	十五	十六
	甲子	乙丑	丙寅	丁卯	戊辰
	金	金	火	火	木
	破	危	成	收	開
	★	宜	宜	宜	宜
斗指巳為芒種，此時可有種芒之穀，過此即失效，故名芒種。 **節氣諺語：芒種蝶仔討無食。** 指芒種前後，百花花期已過，蝴蝶無花粉可採。	**日逢受死日，不宜諸吉事**	**宜**祭祀 **忌**祈福、出行、納采、問名、嫁娶、移徙、安床、解除、修造動土、豎柱上樑、開市、立券、交易、納財、破土、安葬、啟攢	**宜**出行、納采、問名、嫁娶、解除、修造動土、豎柱上樑、開市、立券、交易、納財、破土、安葬、啟攢 **忌**祭祀、移徙	**宜**祭祀 **忌**祈福、出行、納采、問名、嫁娶、移徙、安床、解除、修造動土、豎柱上樑、開市、立券、交易、納財、破土、安葬、啟攢	**宜**祭祀、祈福、出行、納采、問名、移徙、解除、修造動土、豎柱上樑、入宅 **忌**開市、立券、交易、納財
	占門碓 外東南	碓磨廁 外東南	廚灶爐 外正南	倉庫門 外正南	房床栖 外正南
	沖馬40歲 煞南	沖羊39歲 煞東	沖猴38歲 煞北	沖雞37歲 煞西	沖狗36歲 煞南

15	14	13	12	11
四期星	三期星	二期星	一期星	日期星
		月德合	勿探病 張天師聖誕	蕭府王爺千秋
廿一	二十	十九	十八	十七
酉癸	申壬	未辛	午庚	巳己
金	金	土	土	木
平	滿	除	建	閉
★	宜	宜	★	宜
忌祈福、出行、納采、問名、嫁娶、移徙、安床、解除、修造動土、豎柱上樑、開市、立券、交易、納財、破土、安葬、啟攢	**宜**祭祀、祈福、出行、移徙、解除、開市、納財、破土、安葬、入宅 **忌**納采、問名、安床、立券、交易	**宜**祭祀、祈福、出行、納采、問名、嫁娶、移徙、解除、修造動土、豎柱上樑、立券、交易、納財、安葬、入宅	**諸事不宜**	**宜**祭祀、納財 **忌**祈福、出行、納采、問名、嫁娶、移徙、安床、解除、修造動土、豎柱上樑、開市、破土、安葬、啟攢
房床門外西南	倉庫爐外西南	廚灶廁外西南	占碓磨外正南	占門床外正南
沖兔31歲煞東	沖虎32歲煞南	沖牛33歲煞西	沖鼠34歲煞北	沖豬35歲煞東

丁酉年每日宜忌

20	19	18	17	16
星期二	星期一	星期日	星期六	星期五
刀砧日		月德		
廿六	廿五	廿四	廿三	廿二
戊寅	丁丑	丙子	乙亥	甲戌
土	水	水	火	火
成	危	破	執	定
宜	宜	★	宜	宜
宜出行、納采、問名、嫁娶、解除、修造動土、豎柱上樑、開市、立券、交易、納財 **忌**祭祀、移徙	**宜**祭祀 **忌**祈福、出行、納采、問名、嫁娶、移徙、安床、解除、修造動土、豎柱上樑、開市、立券、交易、納財、破土、安葬、啟攢	**日逢受死日，不宜諸吉事**	**宜**祭祀、入宅 **忌**祈福、出行、納采、問名、嫁娶、移徙、安床、解除、修造動土、豎柱上樑、開市、立券、交易、納財、破土、安葬、啟攢	**宜**祭祀、祈福、納采、問名、嫁娶、修造動土、豎柱上樑、立券、交易、納財、入宅 **忌**解除
房床爐外正西	倉庫廁外正西	廚灶碓外西南	碓磨床外西南	門碓栖外西南
沖猴26歲煞北	沖羊27歲煞東	沖馬28歲煞南	沖蛇29歲煞西	沖龍30歲煞北

21	夏至	22	23	24
三期星		四期星	五期星	六期星
刀砧日 勿探病			月德合	勿探病
廿七	午時 12點24分	廿八	廿九	六月
己卯		庚辰	辛巳	壬午
土		金	金	木
收		開	閉	建
宜		宜	宜	★
宜 祭祀 **忌** 祈福、出行、納采、問名、嫁娶、移徙、安床、解除、修造動土、豎柱上樑、開市、立券、交易、納財、破土、安葬、啟攢	**斗指乙為夏至，萬物於此皆長大而極至，時夏將至，故名。** **節氣諺語：夏至，風颱就出世。** 指夏至後，台灣就開始進入颱風季節。	**宜** 祭祀、祈福、出行、納采、問名、移徙、解除、修造動土、豎柱上樑、入宅 **忌** 開市、立券、交易、納財	**宜** 祭祀 **忌** 祈福、出行、解除	**諸事不宜**
占大門 外正西		碓磨栖 外正西	廚灶床 外正西	倉庫碓 外西北
沖雞25歲煞西		沖狗24歲煞南	沖豬23歲煞東	沖鼠22歲煞北

30	29	28	27	26	25
五期星	四期星	三期星	二期星	一期星	日期星
		月德		韋陀尊者聖誕	
初七	初六	初五	初四	初三	初二
戊子	丁亥	丙戌	乙酉	甲申	癸未
火	土	土	水	水	木
破	執	定	平	滿	除
★	宜	宜	★	宜	宜
日逢受死日，不宜諸吉事	**宜**祭祀 **忌**祈福、出行、納采、問名、嫁娶、移徙、安床、解除、修造動土、豎柱上樑、開市、立券、交易、納財、破土、安葬、啟攢	**宜**祭祀、祈福、出行、納采、問名、嫁娶、移徙、解除、修造動土、豎柱上樑、立券、交易、納財、入宅	**忌**祈福、出行、納采、問名、嫁娶、移徙、安床、解除、修造動土、豎柱上樑、開市、立券、交易、納財、破土、安葬、啟攢	**宜**祭祀、祈福、出行、嫁娶、移徙、解除、開市、納財、破土、安葬、入宅 **忌**納采、問名、安床、立券、交易	**宜**出行、嫁娶、解除、立券、交易、納財、安葬、入宅
房床碓外正北	倉庫床外西北	廚灶栖外西北	碓磨門外西北	占門爐外西北	房床廁外西北
沖馬16歲煞南	沖蛇17歲煞西	沖龍18歲煞北	沖兔19歲煞東	沖虎20歲煞南	沖牛21歲煞西

二〇一七年 國曆七月大	1	2	3	4	5
	星期六	星期日	星期一	星期二	星期三
		刀砧日	月德合 刀砧日	田都元帥 千秋	
農曆六月 荔月 煞西方 小暑之中逢酷熱，五穀田中多不結 大暑若不見災厄，定主三冬多雨雪	初八	初九	初十	十一	十二
	己丑	庚寅	辛卯	壬辰	癸巳
	火	木	木	水	水
	危	成	收	開	閉
	宜	宜	宜	宜	宜
	宜 祭祀 **忌** 祈福、出行、納采、問名、嫁娶、移徙、安床、解除、修造動土、豎柱上樑、開市、立券、交易、納財、破土、安葬、啟攢	**宜** 出行、納采、問名、嫁娶、修造動土、豎柱上樑、開市、立券、交易、納財、破土、啟攢 **忌** 祭祀、移徙	**宜** 祭祀 **忌** 出行、嫁娶、移徙	**宜** 祭祀、祈福、出行、納采、問名、移徙、解除、修造動土、豎柱上樑、入宅 **忌** 開市、立券、交易、納財	**宜** 入宅 **忌** 祈福、出行、納采、問名、嫁娶、移徙、安床、解除、修造動土、豎柱上樑、開市、破土、安葬、啟攢
每日胎神占方	占門廁外正北	碓磨爐外正北	廚灶門外正北	倉庫栖外正北	占房床房內北
每日沖煞年齡	沖羊15歲煞東	沖猴14歲煞北	沖雞13歲煞西	沖狗12歲煞南	沖豬11歲煞東

丁酉年每日宜忌

9	8	小暑	7	6
星期日	星期六		星期五	星期四
	先天天王靈官聖誕			天赦日
十六	十五	卯時 05點 51分	十四	十三
丁酉	丙申		乙未	甲午
火	火		金	金
滿	除		除建	建
宜	宜		宜	宜

9日 宜 祭祀 忌 祈福、出行、納采、問名、嫁娶、移徙、安床、豎柱上樑、開市、立券、交易、納財、破土、安葬、啟攢、解除、修造動土

8日 宜 祭祀、入宅 忌 出行、納采、問名、嫁娶、移徙、安床、修造動土、豎柱上樑、開市、立券、交易、納財

小暑 卯時 05點51分

斗指辛為小暑，斯時天氣已熱，尚未達於極點，故名小暑。

節氣諺語：小暑過，一日熱三分。

指小暑過後，天氣會一天比一天熱。

7日 宜 祭祀、出行、嫁娶 忌 祈福、納采、問名、解除、修造動土、豎柱上樑、破土、安葬、啟攢

6日 宜 祭祀 忌 祈福、出行、納采、問名、嫁娶、移徙、安床、解除、修造動土、豎柱上樑、開市、立券、交易、納財、破土、安葬、啟攢

倉庫門房內北	廚灶爐房內北		碓磨廁房內北	占門碓房內北

	10	11	12	13	14	15
[期星]	一期星	二期星	三期星	四期星	五期星	六期星
[節日]		天德合 月德合	初伏 觀世音菩薩成道日		刀砧日 勿探病	刀砧日
[農曆]	十七	十八	十九	二十	廿一	廿二
[干支]	戊戌	己亥	庚子	辛丑	壬寅	癸卯
[五行]	木	木	土	土	金	金
[建除]	平	定	執	破	危	成
[吉凶]	★	宜	★	★	宜	宜
[宜忌]	**諸事不宜**	**宜** 祭祀、祈福、出行、納采、問名、移徙、解除、修造動土、豎柱上樑、開市、立券、交易、納財 **忌** 嫁娶	**忌** 祈福、出行、納采、問名、嫁娶、移徙、安床、解除、修造動土、豎柱上樑、開市、立券、交易、納財、破土、安葬、啟攢	**諸事不宜**	**宜** 安床、開市、立券、交易、納財、破土、啟攢、入宅 **忌** 祭祀、祈福、解除	**宜** 出行、納采、問名、嫁娶、移徙、修造動土、豎柱上樑、開市、立券、交易、納財、破土、安葬、啟攢、入宅
[胎神]	房床栖 房內南	占門床 房內南	占碓磨 房內南	廚灶廁 房內南	倉庫爐 房內南	房床門 房內南
[沖煞]	沖龍 6歲 煞北	沖蛇 5歲 煞西	沖馬 4歲 煞南	沖羊 3歲 煞東	沖猴 2歲 煞北	沖雞 1歲 煞西

20	19	18	17	16
四期星	**三期星**	**二期星**	**一期星**	**日期星**
			關聖帝君聖誕	天德月德
廿七	**廿六**	**廿五**	**廿四**	**廿三**
戊申	丁未	丙午	乙巳	甲辰
土	水	水	火	火
除	建	閉	開	收
宜	**宜**	★	**宜**	**宜**
宜 祭祀 **忌** 出行、納采、問名、安床、立券、交易、納財、破土、安葬、啟攢	**宜** 祭祀、出行 **忌** 祈福、納采、問名、嫁娶、解除、修造動土、豎柱上樑、破土、安葬、啟攢	**日逢受死日，不宜諸吉事**	**宜** 祭祀 **忌** 祈福、出行、納采、問名、嫁娶、移徙、安床、解除、修造動土、豎柱上樑、開市、立券、交易、納財、破土、安葬、啟攢	**宜** 祭祀、祈福、出行、納采、問名、嫁娶、移徙、解除、修造動土、豎柱上樑、納財、安葬、入宅
房床爐房內東	倉庫廁房內東	廚灶碓房內東	碓磨床房內東	門雞栖房內東
沖虎56歲煞南	沖牛57歲煞西	沖鼠58歲煞北	沖豬59歲煞東	沖狗60歲煞南

21	22	大暑	23	24	25
星期五	星期六		星期日	星期一	星期二
天德合 月德合	中伏				
廿八	廿九	子時 23點15分	閏六月	初二	初三
己酉	庚戌		辛亥	壬子	癸丑
土	金		金	木	木
滿	平		定	執	破
宜	★		宜	★	★
宜祭祀、祈福、出行、納采、問名、嫁娶、移徙、解除、修造動土、豎柱上樑、開市、立券、交易、納財	**諸事不宜**	**斗指丙為大暑，斯時天氣甚熱於小暑，故名大暑。** **節氣諺語：大暑熱不透，大水風颱到。** 大暑這天如果天氣不熱，表氣候不順，容易有水災、颱風等災害。	**宜**祭祀、祈福、出行、納采、問名、移徙、修造動土、豎柱上樑、立券、交易、納財、入宅 **忌**嫁娶、解除、破土、安葬、啟攢	**忌**祈福、出行、納采、問名、嫁娶、移徙、安床、解除、修造動土、豎柱上樑、開市、立券、交易、納財、破土、安葬、啟攢	**諸事不宜**
占大門外東北	碓磨栖外東北		廚灶床外東北	倉庫碓外東北	房床廁外東北
沖兔55歲煞東	沖龍54歲煞北		沖蛇53歲煞西	沖馬52歲煞南	沖羊51歲煞東

丁酉年每日宜忌

31	30	29	28	27	26
星期一	星期日	星期六	星期五	星期四	星期三
天德合、月德合				刀砧日、勿探病	天德、月德、刀砧日、勿探病
初九	初八	初七	初六	初五	初四
己未	戊午	丁巳	丙辰	乙卯	甲寅
火	火	土	土	水	水
建	閉	開	收	成	危
宜	★	★	宜	宜	宜
宜祭祀、出行、移徙、納財 **忌**祈福、納采、問名、嫁娶、解除、修造動土、豎柱上樑、破土、安葬、啟攢	**日逢受死日，不宜諸吉事**	**諸事不宜**	**宜**祭祀、納財 **忌**祈福、出行、納采、問名、嫁娶、移徙、安床、解除、修造動土、豎柱上樑、開市、立券、交易、破土、安葬、啟攢	**宜**出行、納采、問名、嫁娶、移徙、修造動土、豎柱上樑、開市、立券、交易、納財、破土、啟攢、入宅	**宜**出行、移徙、安床、修造動土、豎柱上樑、開市、立券、交易、納財、破土、安葬、啟攢、入宅 **忌**祭祀、祈福、納采、問名、嫁娶、解除
占門廁 外正東	房床碓 外正東	倉庫床 外正東	廚灶棲 外正東	碓磨門 外正東	占門爐 外東北
沖牛45歲煞西	沖鼠46歲煞北	沖豬47歲煞東	沖狗48歲煞南	沖雞49歲煞西	沖猴50歲煞北

二〇一七年國曆八月大	1	2	3	4	5	6
	星期二	星期三	星期四	星期五	星期六	星期日
					天德 月德	
農曆七月 巧月 煞南方	初十	十一	十二	十三	十四	十五
	庚申	辛酉	壬戌	癸亥	甲子	乙丑
	木	木	水	水	金	金
	除	滿	平	定	執	破
	宜	宜	★	★	宜	★
立秋無雨是堪憂，萬物從來只半收 處暑若逢天下雨，縱然結實也難留	**宜**祭祀、入宅 **忌**出行、納采、問名、嫁娶、移徙、安床、修造動土、豎柱上樑、開市、立券、交易、納財	**宜**祭祀 **忌**祈福、出行、納采、問名、嫁娶、移徙、安床、解除、修造動土、豎柱上樑、開市、立券、交易、納財、破土、安葬、啟攢	**諸事不宜**	**忌**祈福、出行、納采、問名、嫁娶、移徙、安床、解除、修造動土、豎柱上樑、開市、立券、交易、納財、破土、安葬、啟攢	**宜**祭祀、祈福、出行、納采、問名、嫁娶、解除、修造動土、豎柱上樑、安葬 **忌**移徙	**諸事不宜**
每日胎神占方	碓磨爐外東南	廚灶門外東南	倉庫栖外東南	占房床外東南	占門碓外東南	碓磨廁外東南
每日沖煞年齡	沖虎44歲煞南	沖兔43歲煞東	沖龍42歲煞北	沖蛇41歲煞西	沖馬40歲煞南	沖羊39歲煞東

7	立秋	8	9	10
一期星		二期星	三期星	四期星
		月德合	天德合	刀砧日
十六	申時 15點40分	十七	十八	十九
寅丙		卯丁	辰戊	巳己
火		火	木	木
危破		危	成	收
★		宜	宜	宜
諸事不宜	**斗指西南維為立秋，陰意出地始殺萬物，按秋訓禾，穀熟。** **節氣諺語：六月秋，快溜溜，七月秋，秋後油。** 指如果立秋在農曆六月，漁業作業期會提早結束，如果落在七月，表示天氣穩定，漁業會較晚結束。	**宜**祭祀、祈福、出行、納采、問名、嫁娶、移徙、安床、解除、豎柱上樑、立券、交易、安葬、啟攢、入宅 **忌**修造動土、破土	**宜**祭祀、祈福、解除、修造動土、豎柱上樑、開市、立券、交易、納財、安葬、入宅 **忌**出行、納采、問名、嫁娶、移徙	**宜**祭祀、祈福、納采、問名、嫁娶、移徙、修造動土、豎柱上樑、開市、立券、交易、納財 **忌**出行
廚灶爐外正南		倉庫門外正南	房床栖外正南	占門床外正南
沖猴38歲煞北		沖雞37歲煞西	沖狗36歲煞南	沖豬35歲煞東

11	12	13	14	15	16
五期星	六期星	日期星	一期星	二期星	三期星
末伏 刀砧日 勿探病		月德	天德		
二十	廿一	廿二	廿三	廿四	廿五
庚午	辛未	壬申	癸酉	甲戌	乙亥
土	土	金	金	火	火
開	閉	建	除	滿	平
宜	★	宜	宜	★	宜
宜 祭祀 **忌** 納采、問名、嫁娶、破土、安葬、啟攢	**諸事不宜**	**宜** 祭祀、祈福、出行、納采、問名、嫁娶、移徙、解除、豎柱上樑、納財、安葬、入宅 **忌** 安床、修造動土、破土	**宜** 祭祀、祈福、納采、問名、解除、修造動土、豎柱上樑、納財、破土、安葬 **忌** 出行、嫁娶、移徙	**忌** 祭祀、納采、問名、嫁娶、開市、立券、交易、納財	**宜** 祭祀 **忌** 祈福、出行、納采、問名、嫁娶、移徙、安床、解除、修造動土、豎柱上樑、開市、立券、交易、納財、破土、安葬、啟攢
占碓磨外正南	廚灶廁外西南	倉庫爐外西南	房床門外西南	門碓栖外西南	碓磨床外西南
沖鼠34歲煞北	沖牛33歲煞西	沖虎32歲煞南	沖兔31歲煞東	沖龍30歲煞北	沖蛇29歲煞西

21	20	19	18	17
一期星	日期星	六期星	五期星	四期星
	勿探病		月德合	
三十	廿九	廿八	廿七	廿六
辰庚	卯己	寅戊	丑丁	子丙
金	土	土	水	水
成	危	破	執	定
★	宜	★	★	宜
諸事不宜	**宜** 祭祀、入宅 **忌** 祈福、出行、納采、問名、嫁娶、移徙、安床、解除、修造動土、豎柱上樑、開市、立券、交易、納財、破土	**忌** 祭祀、祈福、出行、納采、問名、嫁娶、移徙、安床、解除、修造動土、豎柱上樑、開市、立券、交易、納財、破土、安葬、啟攢	**日逢受死日，不宜諸吉事**	**宜** 祭祀、祈福、出行、納采、問名、嫁娶、移徙、修造動土、豎柱上樑、開市、立券、交易、納財、破土、啟攢、入宅 **忌** 解除
碓磨栖外正西	占大門外正西	房床爐外正西	倉庫廁外正西	廚灶碓外西南
沖狗24歲煞南	沖雞25歲煞西	沖猴26歲煞北	沖羊27歲煞東	沖馬28歲煞南

25	24	處暑	23	22
五期星	四期星		三期星	二期星
	天德		勿探病 月德 刀砧日	刀砧日
初四	初三	卯時 06點 20分	初二	七月
申甲	未癸		午壬	巳辛
水	木		木	金
建	閉		開	收
宜	宜		宜	宜

斗指戊為處暑，暑將退，伏而潛處，故名。

節氣諺語：處暑，會曝死老鼠。

指雖然已經進入秋天，但此時天氣還是會酷熱，所謂的秋老虎。

25（五期星）

宜 出行、嫁娶、納財

忌 祈福、納采、問名、安床、解除、修造動土、豎柱上樑、立券、交易、破土、安葬、啟攢

占門爐 外西北

煞20沖南歲虎

24（四期星）

宜 祭祀

忌 祈福、出行、納采、問名、嫁娶、移徙、安床、解除、修造動土、豎柱上樑、開市、立券、交易、納財、破土、安葬、啟攢

房床廁 外西北

煞21沖西歲牛

23（三期星）

宜 祭祀、祈福、出行、納采、問名、嫁娶、移徙、解除、修造動土、豎柱上樑、開市、納財

倉庫碓 外西北

煞22沖北歲鼠

22（二期星）

宜 嫁娶、開市、立券、交易、納財

忌 出行

廚灶床 外正西

煞23沖東歲豬

丁酉年每日宜忌

31	30	29	28	27	26
星期四	星期三	星期二	星期一	星期日	星期六
		天德合	月德合 七星娘娘 千秋		
初十	初九	初八	初七	初六	初五
庚寅	己丑	戊子	丁亥	丙戌	乙酉
木	火	火	土	土	水
破	執	定	平	滿	除
★	★	宜	宜	★	宜
諸事不宜	**日逢受死日，不宜諸吉事**	**宜**祭祀、祈福、出行、納采、問名、嫁娶、移徙、解除、修造動土、豎柱上樑、開市、立券、交易、納財、安葬、入宅	**宜**祭祀、出行、納采、問名、移徙、豎柱上樑 **忌**祈福、嫁娶、解除、修造動土、破土	**忌**祭祀、納采、問名、嫁娶、開市、立券、交易、納財	**宜**解除、破土、安葬 **忌**出行、納采、問名、嫁娶、移徙、立券、交易
碓磨爐外正北	占門廁外正北	房床碓外正北	倉庫床外西北	廚灶栖外西北	碓磨門外西北
沖猴14歲煞北	沖羊15歲煞東	沖馬16歲煞南	沖蛇17歲煞西	沖龍18歲煞北	沖兔19歲煞東

二〇一七年 國曆九月大	1	2	3	4	5
	五期星	六期星	日期星	一期星	二期星
		月德	天德 刀砧日 大勢至菩薩聖誕	刀砧日	地官聖誕
農曆八月 桂月 煞東方	十一	十二	十三	十四	十五
	辛卯	壬辰	癸巳	甲午	乙未
	木	水	水	金	金
	危	成	收	開	閉
	宜	宜	宜	宜	★
秋分天氣白雲多，處處歡歌好晚禾 只怕此時雷電閃，冬來米價到如何	**宜** 祭祀、啟攢、入宅 **忌** 祈福、出行、納采、問名、嫁娶、移徙、安床、解除、修造動土、豎柱上樑、開市、立券、交易、納財、破土	**宜** 祭祀、祈福、解除、修造動土、豎柱上樑、開市、立券、交易、納財、安葬 **忌** 出行、納采、問名、嫁娶、移徙	**宜** 祭祀、祈福、納采、問名、嫁娶、移徙、解除、修造動土、豎柱上樑、開市、立券、交易、納財、入宅 **忌** 出行	**宜** 祭祀 **忌** 納采、問名、安床	**諸事不宜**
每日胎神占方	廚灶門 外正北	倉庫栖 外正北	占房床 房內北	占門碓 房內北	碓磨廁 房內北
每日沖煞年齡	沖雞 13歲 煞西	沖狗 12歲 煞南	沖豬 11歲 煞東	沖鼠 10歲 煞北	沖牛 9歲 煞西

6	7		8	9
三期星	四期星	白露	五期星	六期星
			瑤池金母聖誕	值年太歲星君千秋
十六	十七	酉時	十八	十九
丙申	丁酉	18點39分	戊戌	己亥
火	火		木	木
建	建除		除	滿
宜	宜		宜	宜
宜 出行、納財 **忌** 祈福、納采、問名、安床、解除、修造動土、豎柱上樑、立券、交易、破土、安葬、啟攢	**宜** 祭祀 **忌** 祈福、出行、納采、問名、嫁娶、移徙、安床、解除、修造動土、豎柱上樑、開市、立券、交易、納財、破土、安葬、啟攢	**斗指癸為白露，陰氣漸重，露凝而白，故名白露。** **節氣諺語：白露水，卡毒鬼。** 白露雨水性毒，一方面也指天氣變冷，露水冷冽，不利作物生長。	**宜** 祭祀、出行、解除 **忌** 祈福、納采、問名、嫁娶、開市、立券、交易、納財、破土、安葬、啟攢	**宜** 祭祀、祈福、出行、移徙、開市、立券、交易、納財 **忌** 納采、問名、嫁娶、破土、安葬、啟攢
廚灶爐房內北	倉庫門房內北		房床栖房內南	占門床房內南
沖虎8歲煞南	沖兔7歲煞東		沖龍6歲煞北	沖蛇5歲煞西

10	11	12	13	14	15
日期星	一期星	二期星	三期星	四期星	五期星
月德		勿探病	諸葛武侯 千秋	延平郡王 千秋	月德合 刀砧日
二十	廿一	廿二	廿三	廿四	廿五
庚子	辛丑	壬寅	癸卯	甲辰	乙巳
土	土	金	金	火	火
平	定	執	破	危	成
宜	宜	★	★	★	宜
宜 祭祀 **忌** 出行、納采、問名、嫁娶、移徙、安葬	**宜** 納財 **忌** 出行、納采、問名、嫁娶、移徙、安床、解除、修造動土、豎柱上樑、開市、立券、交易、破土、安葬、啟攢	**忌** 祭祀、祈福、出行、納采、問名、嫁娶、移徙、安床、解除、修造動土、豎柱上樑、開市、立券、交易、納財、破土、安葬、啟攢	**諸事不宜**	**忌** 祈福、出行、解除、修造動土、豎柱上樑	**宜** 祭祀、祈福、納采、問名、嫁娶、移徙、解除、修造動土、豎柱上樑、開市、立券、交易、納財、入宅 **忌** 出行
占碓磨 房內南	廚灶廁 房內南	倉庫爐 房內南	房床門 房內南	門雞栖 房內東	碓磨床 房內東
沖馬 4歲 煞南	沖羊 3歲 煞東	沖猴 2歲 煞北	沖雞 1歲 煞西	沖狗 60歲 煞南	沖豬 59歲 煞東

丁酉年每日宜忌

21	20	19	18	17	16
星期四	星期三	星期二	星期一	星期日	星期六
	月德	地藏菩薩聖誕	天赦日 秋社日		刀砧日
初二	八月	廿九	廿八	廿七	廿六
辛亥	庚戌	己酉	戊申	丁未	丙午
金	金	土	土	水	水
滿	除	建	閉	開	收
宜	宜	★	宜	★	宜
宜 祭祀、祈福、出行、移徙 **忌** 納采、問名、嫁娶、開市、立券、交易、納財、破土、安葬、啟攢	**宜** 祭祀、祈福、出行、納采、問名、嫁娶、移徙、解除、修造動土、豎柱上樑、納財、安葬、入宅	**諸事不宜**	**宜** 祭祀、立券、交易、納財、安葬、入宅 **忌** 祈福、安床、解除	**日逢受死日，不宜諸吉事**	**宜** 祭祀 **忌** 祈福、出行、納采、問名、嫁娶、移徙、安床、解除、修造動土、豎柱上樑、開市、立券、交易、納財、破土、安葬、啟攢
廚灶床 外東北	碓磨栖 外東北	占大門 外東北	房床爐 房內東	倉庫廁 房內東	廚灶碓 房內東
沖蛇53歲 煞西	沖龍54歲 煞北	沖兔55歲 煞東	沖虎56歲 煞南	沖牛57歲 煞西	沖鼠58歲 煞北

22	23	秋分	24	25
星期五	星期六		星期日	星期一
北斗星君聖誕			勿探病 雷聲普化天尊聖誕	月德合 勿探病
初三	初四	寅時 04點02分	初五	初六
壬子	癸丑		甲寅	乙卯
木	木		水	水
平	定		執	破
宜	宜		★	★
宜 祭祀 **忌** 祈福、出行、納采、問名、嫁娶、移徙、安床、解除、修造動土、豎柱上樑、開市、立券、交易、納財、破土、安葬、啟攢	**宜** 祭祀、祈福、出行、移徙、修造動土、豎柱上樑、立券、交易、納財、入宅 **忌** 納采、問名、嫁娶、解除	**斗指己為秋分，南北兩半球晝夜均分，又適當秋之半，故名。** **節氣諺語：月半看田頭。** 指這時期稻作生長的好壞已可以看見。	**忌** 祭祀、祈福、出行、納采、問名、嫁娶、移徙、安床、解除、修造動土、豎柱上樑、開市、立券、交易、納財、破土、安葬、啟攢	**諸事不宜**
倉庫碓外東北	房床廁外東北		占門爐外東北	碓磨門外正東
沖馬52歲煞南	沖羊51歲煞東		沖猴50歲煞北	沖雞49歲煞西

丁酉年每日宜忌

30	29	28	27	26
星期六	星期五	星期四	星期三	星期二
月德		刀砧日	刀砧日	
十一	**初十**	**初九**	**初八**	**初七**
庚申	己未	戊午	丁巳	丙辰
木	火	火	土	土
閉	開	收	成	危
宜	★	**宜**	**宜**	**宜**
宜 祭祀、立券、交易、納財、破土、安葬 **忌** 祈福、納采、問名、嫁娶、安床、解除	**日逢受死日，不宜諸吉事**	**宜** 祭祀 **忌** 祈福、出行、納采、問名、嫁娶、移徙、安床、解除、修造動土、豎柱上樑、開市、立券、交易、納財、破土、安葬、啟攢	**宜** 祭祀、祈福、納采、問名、嫁娶、移徙、修造動土、豎柱上樑、開市、立券、交易、納財、入宅 **忌** 出行、破土、安葬、啟攢	**宜** 入宅 **忌** 祈福、出行、解除、修造動土、豎柱上樑
碓磨爐外東南	占門廁外正東	房床碓外正東	倉庫床外正東	廚灶栖外正東
沖虎44歲煞南	沖牛45歲煞西	沖鼠46歲煞北	沖豬47歲煞東	沖狗48歲煞南

二〇一七年國曆十月大	1	2	3	4	5
	星期日	星期一	星期二	星期三	星期四
				中秋節 臨水夫人千秋	月德合
農曆九月 菊月 煞北方 寒露飛霜侵損民，重陽無雨一冬晴 霜降火色人多病，更遇雷聲菜價增	十二	十三	十四	十五	十六
	辛酉	壬戌	癸亥	甲子	乙丑
	木	水	水	金	金
	建	除	滿	平	定
	宜	宜	宜	宜	宜
	宜祭祀 **忌**祈福、出行、納采、問名、嫁娶、移徙、安床、解除、修造動土、豎柱上樑、開市、立券、交易、納財、破土、安葬、啟攢	**宜**祭祀、出行、移徙、解除、修造動土、豎柱上樑、入宅 **忌**祈福、納采、問名、嫁娶、開市、立券、交易、納財、破土、安葬、啟攢	**宜**祭祀、解除 **忌**嫁娶、破土、安葬、啟攢	**宜**祭祀 **忌**祈福、出行、納采、問名、嫁娶、移徙、安床、解除、修造動土、豎柱上樑、開市、立券、交易、納財、破土、安葬、啟攢	**宜**祭祀、祈福、出行、納采、問名、嫁娶、移徙、解除、修造動土、豎柱上樑、立券、交易、納財、安葬、入宅
每日胎神占方	廚灶門外東南	倉庫栖外東南	占房床外東南	占門碓外東南	碓磨廁外東南
每日沖煞年齡	沖兔43歲煞東	沖龍42歲煞北	沖蛇41歲煞西	沖馬40歲煞南	沖羊39歲煞東

6	7	8	寒露	9	10
星期五	星期六	星期日		星期一	星期二
月德	九天玄女 千秋			刀砧日	刀砧日 勿探病
十七	十八	十九	巳時 10點22分	二十	廿一
丙寅	丁卯	戊辰		己巳	庚午
火	火	木		木	土
執	破	破危		危	成
★	★	宜		宜	宜
忌祭祀、祈福、出行、納采、問名、嫁娶、移徙、安床、解除、修造動土、豎柱上樑、開市、立券、交易、納財、破土、安葬、啟攢	**諸事不宜**	**宜**祭祀 **忌**祈福、出行、納采、問名、嫁娶、移徙、安床、解除、修造動土、豎柱上樑、開市、立券、交易、納財、破土、安葬、啟攢	**斗指甲為寒露，斯時露寒冷而將欲凝結，故名寒露。** **節氣諺語：白露水，寒露風。** 指白露這天如果下雨，則寒露時節會容易有風災。	**宜**祭祀、安床 **忌**祈福、出行、解除、破土、安葬、啟攢。	**宜**祭祀、祈福、出行、納采、問名、嫁娶、移徙、解除、修造動土、豎柱上樑、開市、立券、交易、納財、破土、安葬、入宅
廚灶爐 外正南	倉庫門 外正南	房床栖 外正南		占門床 外正南	占碓磨 外正南
沖猴38歲煞北	沖雞37歲煞西	沖狗36歲煞南		沖豬35歲煞東	沖鼠34歲煞北

11	12	13	14	15
星期三	星期四	星期五	星期六	星期日
天德合 月德合 廣澤尊王聖誕			月德	
廿二	廿三	廿四	廿五	廿六
辛未	壬申	癸酉	甲戌	乙亥
土	金	金	火	火
收	開	閉	建	除
宜	宜	宜	★	宜
宜 祭祀 **忌** 修造動土	**宜** 祭祀、祈福、出行、移徙、解除、修造動土、豎柱上樑、開市、納財 **忌** 納采、問名、嫁娶、安床、立券、交易	**宜** 祭祀 **忌** 祈福、出行、納采、問名、嫁娶、移徙、安床、解除、修造動土、豎柱上樑、開市、立券、交易、納財、破土、安葬、啟攢	**諸事不宜**	**宜** 入宅 **忌** 祈福、納采、問名、嫁娶、移徙、安床、修造動土、豎柱上樑、破土、安葬、啟攢
廚灶廁外西南	倉庫爐外西南	房床門外西南	門碓栖外西南	碓磨床外西南
沖牛33歲煞西	沖虎32歲煞南	沖兔31歲煞東	沖龍30歲煞北	沖蛇29歲煞西

20	19	18	17	16
五期星	四期星	三期星	二期星	一期星
	勿探病			天德 月德
九月	三十	廿九	廿八	廿七
庚辰	己卯	戊寅	丁丑	丙子
金	土	土	水	水
破	執	定	平	滿
宜	宜	★	★	宜
宜祭祀、解除 **忌**祈福、出行、納采、問名、嫁娶、移徙、安床、修造動土、豎柱上樑、開市、立券、交易、納財、破土、安葬、啟攢	**宜**祭祀、祈福、嫁娶、安葬、入宅 **忌**開市、立券、交易、納財	**日逢受死日，不宜諸吉事**	**諸事不宜**	**宜**祭祀、祈福、出行、納采、問名、嫁娶、解除、修造動土、豎柱上樑、開市、立券、交易、納財、破土、安葬、啟攢 **忌**移徙
碓磨栖 外正西	占大門 外正西	房床爐 外正西	倉庫廁 外正西	廚灶碓 外西南
沖狗 24歲 煞南	沖雞 25歲 煞西	沖猴 26歲 煞北	沖羊 27歲 煞東	沖馬 28歲 煞南

21	22	23	霜降	24
星期六	星期日	星期一		星期二
天德合 月德合 刀砧日	刀砧日 勿探病			
初二	初三	初四	未時 13點27分	初五
辛巳	壬午	癸未		甲申
金	木	木		水
危	成	收		開
宜	宜	宜		宜
宜 祭祀、納采、問名、嫁娶、移徙、安床、修造動土、豎柱上樑 **忌** 祈福、出行、解除	**宜** 祭祀、祈福、出行、納采、問名、嫁娶、移徙、解除、修造動土、豎柱上樑、開市、立券、交易、納財、破土、安葬、入宅	**宜** 祭祀 **忌** 祈福、出行、納采、問名、嫁娶、移徙、安床、解除、修造動土、豎柱上樑、開市、立券、交易、納財、破土、安葬、啟攢	**斗指巳為霜降，氣肅，露凝結為霜而下降，故名霜降。** **節氣諺語：霜降，風颱走去藏。** 指霜降後，颱風季節也就結束了。	**宜** 祭祀、祈福、出行、移徙、解除、修造動土、豎柱上樑、開市、入宅 **忌** 納采、問名、嫁娶、安床、立券、交易
廚灶床 外正西	倉庫碓 外西北	房床廁 外西北		占門爐 外西北
沖豬 23歲 煞東	沖鼠 22歲 煞北	沖牛 21歲 煞西		沖虎 20歲 煞南

丁酉年每日宜忌

31	30	29	28	27	26	25
二期星	**一期星**	**日期星**	**六期星**	**五期星**	**四期星**	**三期星**
天德合 月德合			中壇元帥 千秋		天德 月德	
十二	**十一**	**初十**	**初九**	**初八**	**初七**	**初六**
辛卯	庚寅	己丑	戊子	丁亥	丙戌	乙酉
木	木	火	火	土	土	水
執	定	平	滿	除	建	閉
宜	★	★	**宜**	★	**宜**	★
宜祭祀、祈福、出行、納采、問名、嫁娶、移徙、解除、修造動土、豎柱上樑、開市、立券、交易、納財、破土、安葬、啟攢、入宅	**日逢受死日，不宜諸吉事**	**諸事不宜**	**宜**祭祀 **忌**祈福、出行、納采、問名、嫁娶、移徙、安床、解除、修造動土、豎柱上樑、開市、立券、交易、納財、破土、安葬、啟攢	**忌**祈福、納采、問名、嫁娶、移徙、安床、修造動土、豎柱上樑、破土、安葬、啟攢	**宜**祭祀、祈福、出行、納采、問名、嫁娶、移徙、解除、豎柱上樑、納財、安葬 **忌**修造動土、破土	**忌**祈福、出行、納采、問名、嫁娶、移徙、安床、解除、修造動土、豎柱上樑、開市、立券、交易、納財、破土、安葬、啟攢
廚灶門 外正北	碓磨爐 外正北	占門廁 外正北	房床碓 外正北	倉庫床 外西北	廚灶棲 外西北	碓磨門 外西北
沖雞13歲 煞西	沖猴14歲 煞北	沖羊15歲 煞東	沖馬16歲 煞南	沖蛇17歲 煞西	沖龍18歲 煞北	沖兔19歲 煞東

二〇一七年 國曆十一月小	1	2	3	4	5
	三期星	四期星	五期星	六期星	日期星
		刀砧日	刀砧日 吳三王爺千秋		天德 月德
農曆十月 陽月 煞西方	十三	十四	十五	十六	十七
	壬辰	癸巳	甲午	乙未	丙申
	水	水	金	金	火
	破	危	成	收	開
	宜	宜	宜	★	宜
立冬之日怕逢壬，來歲高田枉費心 此日更逢壬子日，災情疾病損人民	**宜**祭祀、解除 **忌**祈福、出行、納采、問名、嫁娶、移徙、安床、修造動土、豎柱上樑、開市、立券、交易、納財、破土、安葬、啟攢	**宜**祭祀、納采、問名、嫁娶、移徙、安床、修造動土、豎柱上樑、納財 **忌**祈福、出行、解除、破土、安葬、啟攢	**宜**出行、納采、問名、嫁娶、移徙、修造動土、豎柱上樑、開市、立券、交易、納財、破土、安葬、入宅	**忌**祈福、出行、納采、問名、嫁娶、移徙、安床、解除、修造動土、豎柱上樑、開市、立券、交易、納財、破土、安葬、啟攢	**宜**祭祀、祈福、出行、納采、問名、嫁娶、移徙、解除、修造動土、豎柱上樑、開市、入宅 **忌**安床
每日胎神占方	倉庫栖外正北	占房床房內北	占門碓房內北	碓磨廁房內北	廚灶爐房內北
每日沖煞年齡	沖狗12歲煞南	沖豬11歲煞東	沖鼠10歲煞北	沖牛9歲煞西	沖虎8歲煞南

10	9	8	立冬	7	6
星期五	星期四	星期三		星期二	星期一
	天德合	月德合		觀世音菩薩出家日	
廿二	廿一	二十	未時 13點38分	十九	十八
辛丑	庚子	己亥		戊戌	丁酉
土	土	木		木	火
滿	除	建		閉建	閉
宜	宜	★		★	★
宜祭祀 忌祈福、出行、納采、問名、嫁娶、移徙、安床、解除、修造動土、豎柱上樑、開市、立券、交易、納財、破土、安葬、啟攢	宜祭祀、祈福、出行、納采、問名、嫁娶、移徙、解除、修造動土、豎柱上樑、破土、安葬、啟攢、入宅	諸事不宜	斗指西北維為立冬，冬者終也，立冬之時萬物終成，故名立冬。 節氣諺語：補冬補嘴空。 民俗上，立冬日要吃麻油雞等進補，儲備過冬的體力。	諸事不宜	忌祈福、出行、納采、問名、嫁娶、移徙、安床、解除、修造動土、豎柱上樑、開市、立券、交易、納財、破土、安葬、啟攢
廚灶廁房內南	占碓磨房內南	占門床房內南		房床栖房內南	倉庫門房內北
沖羊3歲煞東	沖馬4歲煞南	沖蛇5歲煞西		沖龍6歲煞北	沖兔7歲煞東

11	12	13	14
星期六	星期日	星期一	星期二
勿探病		月德	天德
廿三	廿四	廿五	廿六
壬寅	癸卯	甲辰	乙巳
金	金	火	火
平	定	執	破
宜	宜	宜	宜
宜出行、納采、問名、嫁娶、移徙、修造動土、豎柱上樑、開市、立券、交易、納財、入宅 **忌**祭祀、祈福、解除	**宜**出行、納采、問名、嫁娶、移徙、修造動土、豎柱上樑、開市、立券、交易、納財、破土、啟攢、入宅 **忌**解除	**宜**祭祀、祈福、納采、問名、嫁娶、移徙、解除、豎柱上樑、納財、安葬、入宅 **忌**出行、修造動土、破土	**宜**祭祀、解除 **忌**祈福、出行、納采、問名、嫁娶、移徙、安床、修造動土、豎柱上樑、開市、立券、交易、納財、破土、安葬、啟攢
倉庫爐 房內南	房床門 房內南	門雞棲 房內東	碓磨床 房內東
沖猴 2歲 煞北	沖雞 1歲 煞西	沖狗 60歲 煞南	沖豬 59歲 煞東

15	16	17	18	19	20
星期三	星期四	星期五	星期六	星期日	星期一
		刀砧日 藥師佛佛誕	月德 刀砧日	天德合	
廿七	廿八	廿九	十月	初二	初三
丙午	丁未	戊申	己酉	庚戌	辛亥
水	水	土	土	金	金
危	成	收	開	閉	建
宜	宜	★	宜	宜	宜
宜祭祀 **忌**祈福、出行、納采、問名、嫁娶、移徙、安床、解除、修造動土、豎柱上樑、開市、立券、交易、納財、破土、安葬、啟攢	**宜**祭祀、祈福、修造動土、豎柱上樑、開市、立券、交易、納財 **忌**出行、納采、問名、嫁娶、移徙	**日逢受死日，不宜諸吉事**	**宜**祭祀、祈福、出行、納采、問名、嫁娶、移徙、解除、修造動土、豎柱上樑、開市、納財	**宜**祭祀 **忌**祈福、出行、納采、問名、嫁娶、移徙、安床、解除、修造動土、豎柱上樑、開市、立券、交易、納財、破土、安葬、啟攢	**宜**祭祀 **忌**祈福、出行、納采、問名、嫁娶、移徙、安床、解除、修造動土、豎柱上樑、開市、立券、交易、納財、破土、安葬、啟攢
廚灶碓 房內東	倉庫廁 房內東	房床爐 房內東	占大門 外東北	碓磨栖 外東北	廚灶床 外東北
沖鼠58歲 煞北	沖牛57歲 煞西	沖虎56歲 煞南	沖兔55歲 煞東	沖龍54歲 煞北	沖蛇53歲 煞西

21	22	小雪	23	24
星期二	星期三		星期四	星期五
	達摩祖師聖誕		月德 勿探病	天德 勿探病
初四	初五	午時 11點05分	初六	初七
壬子	癸丑		甲寅	乙卯
木	木		水	水
除	滿		平	定
宜	宜		宜	宜
宜入宅 **忌**祈福、出行、納采、問名、嫁娶、移徙、安床、解除、修造動土、豎柱上樑、開市、立券、交易、納財、破土、安葬、啟攢	**宜**祭祀 **忌**祈福、出行、納采、問名、嫁娶、移徙、安床、解除、修造動土、豎柱上樑、開市、立券、交易、納財、破土、安葬、啟攢	**斗指己，斯時天已積陰，寒未深而雪未大，故名小雪。** **節氣諺語：小雪小到。** 指烏魚群在小雪前後剛到台灣海峽來，數量還不多。	**宜**出行、移徙、修造動土、豎柱上樑、開市、立券、交易、納財、破土、安葬、啟攢 **忌**祭祀、祈福、納采、問名、嫁娶、解除	**宜**祭祀、祈福、出行、納采、問名、嫁娶、移徙、解除、修造動土、豎柱上樑、開市、立券、交易、納財、破土、安葬、啟攢、入宅
倉庫碓 外東北	房床廁 外東北		占門爐 外東北	碓磨門 外正東
沖馬 52歲 煞南	沖羊 51歲 煞東		沖猴 50歲 煞北	沖雞 49歲 煞西

丁酉年每日宜忌

30	29	28	27	26	25
四期星	三期星	二期星	一期星	日期星	六期星
刀砧日	天德合 刀砧日	月德合	水仙尊王 千秋		
十三	十二	十一	初十	初九	初八
辛酉	庚申	己未	戊午	丁巳	丙辰
木	木	火	火	土	土
開	收	成	危	破	執
宜	★	宜	宜	★	宜
宜 祭祀 **忌** 納采、問名、嫁娶、開市、立券、交易、納財	**日逢受死日，不宜諸吉事**	**宜** 祭祀、祈福、解除、修造動土、豎柱上樑、開市、立券、交易、納財、安葬 **忌** 出行、納采、問名、嫁娶、移徙	**宜** 祭祀 **忌** 祈福、出行、納采、問名、嫁娶、移徙、安床、解除、修造動土、豎柱上樑、開市、立券、交易、納財	**諸事不宜**	**宜** 解除 **忌** 出行、修造動土、開市、立券、交易、納財、破土
廚灶門外東南	碓磨爐外東南	占門廁外正東	房床碓外正東	倉庫床外正東	廚灶棲外正東
沖兔43歲煞東	沖虎44歲煞南	沖牛45歲煞西	沖鼠46歲煞北	沖豬47歲煞東	沖狗48歲煞南

二〇一七年 國曆十二月大

農曆十一月 葭月 煞南方

初一西風盜賊多，更兼大雪有災魔
冬至天晴無日色，來年定唱太平歌

謝沅瑾雞年生肖運勢大解析

國曆	1	2	3	4	5	6
星期	五期星	六期星	日期星	一期星	二期星	三期星
節日		水官聖誕	月德 天赦日	天德	天德	
農曆	十四	十五	十六	十七	十八	十九
干支	壬戌	癸亥	甲子	乙丑	丙寅	丁卯
納音	水	水	金	金	火	火
建除	閉	建	除	滿	平	定
宜忌	★	宜	宜	宜	宜	宜
每日宜忌	諸事不宜	宜 祭祀 忌 祈福、出行、納采、問名、嫁娶、移徙、安床、開市、立券、交易、納財、破土、安葬、啟攢	宜 祭祀、祈福、出行、納采、問名、嫁娶、移徙、解除、修造動土、豎柱上樑、納財、安葬	宜 祭祀 忌 出行、納采、問名、嫁娶、移徙	宜 出行、納采、問名、嫁娶、移徙、修造動土、豎柱上樑、開市、立券、交易、納財、破土、安葬、啟攢 忌 祭祀、祈福、解除	宜 出行、納采、問名、嫁娶、移徙、修造動土、豎柱上樑、開市、立券、交易、納財、破土、啟攢、入宅 忌 解除
每日胎神占方	倉庫栖 外東南	占房床 外東南	占門碓 外東南	碓磨廁 外東南	廚灶爐 外正南	倉庫門 外正南
每日沖煞 年齡	沖龍42歲 煞北	沖蛇41歲 煞西	沖馬40歲 煞南	沖羊39歲 煞東	沖猴38歲 煞北	沖雞37歲 煞西

7	大雪	8	9	10
星期四		星期五	星期六	星期日
			勿探病	周倉將軍千秋
二十	卯時 06點33分	廿一	廿二	廿三
戊辰		己巳	庚午	辛未
木		木	土	土
定執		執	破	危
宜		宜	★	★
宜 祭祀、祈福、納采、問名、嫁娶、修造動土、豎柱上樑、立券、交易、納財、入宅 **忌** 解除	**斗指甲，斯時積陰為雪，至此栗烈而大過於小雪，故名大雪。** **節氣諺語：大雪大到。** 指烏魚群到了大雪時，便大批湧進台灣海峽。	**宜** 祭祀、入宅 **忌** 祈福、出行、納采、問名、嫁娶、移徙、安床、解除、修造動土、豎柱上樑、開市、立券、交易、納財、破土、安葬、啟攢	**諸事不宜**	**忌** 祈福、出行、納采、問名、嫁娶、移徙、安床、修造動土、豎柱上樑、開市、立券、交易、納財、破土、安葬、啟攢
房床栖外正南		占門床外正南	占碓磨外正南	廚灶廁外西南
沖狗36歲煞南		沖豬35歲煞東	沖鼠34歲煞北	沖牛33歲煞西

15	14	13	12	11
五期星	**四期星**	**三期星**	**二期星**	**一期星**
	紫微星君聖誕		刀砧日	月德刀砧日
廿八	**廿七**	**廿六**	**廿五**	**廿四**
丙子	乙亥	甲戌	癸酉	壬申
水	火	火	金	金
建	閉	開	收	成
★	**宜**	**宜**	★	**宜**
諸事不宜	**宜** 祭祀、納財、入宅 **忌** 祈福、出行、納采、問名、嫁娶、移徙、安床、解除、修造動土、豎柱上樑、開市、破土、安葬、啟攢	**宜** 祭祀、祈福、納采、問名、解除、修造動土、豎柱上樑 **忌** 出行、嫁娶、移徙、開市、立券、交易、納財	**忌** 祈福、出行、納采、問名、嫁娶、移徙、安床、解除、修造動土、豎柱上樑、開市、立券、交易、納財、破土、安葬、啟攢	**宜** 祭祀、祈福、出行、納采、問名、嫁娶、移徙、解除、豎柱上樑、開市、立券、交易、納財、安葬、入宅 **忌** 安床、修造動土、破土
廚灶碓外西南	碓磨床外西南	門碓栖外西南	房床門外西南	倉庫爐外西南
沖馬28歲煞南	沖蛇29歲煞西	沖龍30歲煞北	沖兔31歲煞東	沖虎32歲煞南

丁酉年每日宜忌

20	19	18	17	16
星期三	星期二	星期一	星期日	星期六
		勿探病		月德合
初三	**初二**	**十一月**	**三十**	**廿九**
辛巳	庚辰	己卯	戊寅	丁丑
金	金	土	土	水
執	定	平	滿	除
宜	**宜**	★	**宜**	**宜**
宜祭祀、入宅 **忌**祈福、出行、納采、問名、嫁娶、移徙、安床、解除、修造動土、豎柱上樑、開市、立券、交易、納財、破土、安葬、啟攢	**宜**祭祀、祈福、納采、問名、嫁娶、修造動土、豎柱上樑、立券、交易、納財、入宅 **忌**解除	**日逢受死日，不宜諸吉事**	**宜**出行、解除、修造動土、豎柱上樑、立券、交易、納財 **忌**祭祀、納采、問名、移徙	**宜**祭祀、祈福、出行、納采、問名、嫁娶、移徙、解除、修造動土、豎柱上樑、立券、交易、納財、安葬、入宅
廚灶床 外正西	碓磨栖 外正西	占大門 外正西	房床爐 外正西	倉庫廁 外正西
沖豬23歲煞東	沖狗24歲煞南	沖雞25歲煞西	沖猴26歲煞北	沖羊27歲煞東

25	24	23	冬至	22	21
一期星	日期星	六期星		五期星	四期星
刀砧日	刀砧日	刀砧日			月德 勿探病
初八	初七	初六	子時 00點28分	初五	初四
戌丙	酉乙	申甲		未癸	午壬
土	水	水		木	木
開	收	成		危	破
宜	宜	宜		★	宜

25（一期星）
宜 祭祀、祈福、解除、修造動土、豎柱上樑
忌 出行、嫁娶、移徙、開市、立券、交易、納財
外廚灶栖
煞18沖北歲龍

24（日期星）
宜 祭祀
忌 祈福、出行、納采、問名、嫁娶、移徙、安床、解除、修造動土、豎柱上樑、開市、立券、交易、納財、破土、安葬、啟攢
外碓磨門
煞19沖東歲兔

23（六期星）
宜 祭祀、祈福、出行、納采、問名、嫁娶、移徙、解除、豎柱上樑、開市、立券、交易、納財、安葬、入宅
忌 安床、修造動土、破土
外占門爐
煞20沖南歲虎

冬至
子時 00點28分
節氣諺語：冬至烏，過年酥。
時陰極之至，明陽氣始至，日行至南，北半球晝最短而夜最長。
冬至這天如果下雨，那麼過年時就有很高的機率會放晴。

22（五期星）
忌 祈福、出行、納采、問名、嫁娶、移徙、安床、解除、修造動土、豎柱上樑、開市、立券、交易、納財、破土、安葬、啟攢
外房床廁
煞21沖西歲牛

21（四期星）
宜 祭祀
忌 祈福、出行、納采、問名、嫁娶、移徙、安床、解除、修造動土、豎柱上樑、開市、立券、交易、納財、破土、安葬、啟攢
外倉庫碓
煞22沖北歲鼠

丁酉年每日宜忌

31	30	29	28	27	26
星期日	**星期六**	**星期五**	**星期四**	**星期三**	**星期二**
月德			太乙救苦天尊聖誕		月德合
十四	**十三**	**十二**	**十一**	**初十**	**初九**
壬辰	辛卯	庚寅	己丑	戊子	丁亥
水	木	木	火	火	土
定	平	滿	除	建	閉
宜	★	**宜**	**宜**	★	**宜**
宜祭祀、祈福、出行、納采、問名、嫁娶、移徙、解除、修造動土、豎柱上樑、立券、交易、納財、安葬、入宅	**日逢受死日，不宜諸吉事**	**宜**出行、嫁娶、解除、修造動土、豎柱上樑、開市、立券、交易、納財、破土、啟攢 **忌**祭祀、納采、問名、移徙	**宜**祭祀、祈福、出行、嫁娶、解除、立券、交易、納財、安葬、入宅	**諸事不宜**	**宜**祭祀、入宅 **忌**祈福、嫁娶、解除
倉庫栖外正北	廚灶門外正北	碓磨爐外正北	占門廁外正北	房床碓外正北	倉庫床外西北
沖狗12歲煞南	沖雞13歲煞西	沖猴14歲煞北	沖羊15歲煞東	沖馬16歲煞南	沖蛇17歲煞西

二〇一八年 國曆一月大	1	2	3	4	5
	星期一	星期二	星期三	星期四	星期五
			阿彌陀佛佛誕	刀砧日	刀砧日
農曆十二月 臘月 煞東方	十五	十六	十七	十八	十九
	癸巳	甲午	乙未	丙申	丁酉
	水	金	金	火	火
	執	破	危	成	收成
	宜	★	宜	宜	★
朔日西風六畜災，綿絲五穀德成堆 最喜大寒無雨雪，太平冬盡賀春來	**宜** 祭祀、入宅 **忌** 祈福、出行、納采、問名、嫁娶、移徙、安床、解除、修造動土、豎柱上樑、開市、立券、交易、納財、破土、安葬、啟攢	**諸事不宜**	**宜** 祭祀 **忌** 祈福、出行、納采、問名、嫁娶、移徙、安床、解除、修造動土、豎柱上樑、開市、立券、交易、納財、破土、安葬、啟攢	**宜** 出行、納采、問名、嫁娶、移徙、解除、豎柱上樑、開市、立券、交易、納財、安葬、入宅 **忌** 安床、修造動土、破土	**日逢受死日，不宜諸吉事**
每日胎神占方	占房床房內北	占門碓房內北	碓磨廁房內北	廚灶爐房內北	倉庫門房內北
每日沖煞年齡	沖豬11歲煞東	沖鼠10歲煞北	沖牛9歲煞西	沖虎8歲煞南	沖兔7歲煞東

9	8	7	6	小寒
星期二	星期一	星期日	星期六	
	天德 月德			
廿三	廿二	廿一	二十	酉時 17點49分
辛丑	庚子	己亥	戊戌	
土	土	木	木	
建	閉	開	收	
宜	宜	宜	宜	
宜 祭祀、祈福、納采、問名、解除、豎柱上樑、納財 **忌** 出行、嫁娶、移徙、修造動土、破土	**宜** 祭祀、安葬、啟攢 **忌** 移徙、修造動土、破土	**宜** 祭祀 **忌** 祈福、出行、納采、問名、嫁娶、移徙、安床、解除、修造動土、豎柱上樑、開市、立券、交易、納財、破土、安葬、啟攢	**宜** 祭祀 **忌** 祈福、出行、納采、問名、嫁娶、移徙、安床、解除、修造動土、豎柱上樑、開市、立券、交易、納財、破土、安葬、啟攢	**斗指戊為小寒，時天氣漸寒，尚未大冷，故名小寒。** **節氣諺語：小寒大冷，人馬安。** 小寒時天氣應寒冷，人畜才會平安。
廚灶廁 房內南	占碓磨 房內南	占門床 房內南	房床栖 房內南	
沖羊 3歲 煞東	沖馬 4歲 煞南	沖蛇 5歲 煞西	沖龍 6歲 煞北	

14	13	12	11	10
星期日	星期六	星期五	星期四	星期三
	天德合 月德合			勿探病
廿八	廿七	廿六	廿五	廿四
丙午	乙巳	甲辰	癸卯	壬寅
水	火	火	金	金
執	定	平	滿	除
★	宜	★	宜	宜
忌 祈福、出行、納采、問名、嫁娶、移徙、安床、解除、修造動土、豎柱上樑、開市、立券、交易、納財、破土、安葬、啟攢	**宜** 祭祀、祈福、納采、問名、嫁娶、移徙、解除、修造動土、豎柱上樑、立券、交易、納財、入宅 **忌** 出行	**諸事不宜**	**宜** 祭祀 **忌** 祈福、出行、納采、問名、嫁娶、移徙、安床、解除、修造動土、豎柱上樑、開市、立券、交易、納財、破土、安葬、啟攢	**宜** 入宅 **忌** 祭祀、出行
廚灶碓 房內東	碓磨床 房內東	門雞栖 房內東	房床門 房內南	倉庫爐 房內南
沖鼠 58歲 煞北	沖豬 59歲 煞東	沖狗 60歲 煞南	沖雞 1歲 煞西	沖猴 2歲 煞北

丁酉年每日宜忌

20	19	18	17	16	15
星期六	星期五	星期四	星期三	星期二	星期一
		天德 月德	刀砧日	刀砧日	
初四	初三	初二	十二月	三十	廿九
壬子	辛亥	庚戌	己酉	戊申	丁未
木	金	金	土	土	水
閉	開	收	成	危	破
宜	宜	宜	★	宜	★
宜 祭祀 **忌** 祈福、出行、納采、問名、嫁娶、移徙、安床、解除、修造動土、豎柱上樑、開市、立券、交易、納財、破土、安葬	**宜** 祭祀 **忌** 祈福、出行、納采、問名、嫁娶、移徙、安床、解除、修造動土、豎柱上樑、開市、立券、交易、納財、破土、安葬、啟攢	**宜** 祭祀	**日逢受死日，不宜諸吉事**	**宜** 祭祀、開市、納財 **忌** 祈福、納采、問名、安床、解除、立券、交易	**諸事不宜**
倉庫碓 外東北	廚灶床 外東北	碓磨栖 外東北	占大門 外東北	房床爐 房內東	倉庫廁 房內東
沖馬52歲煞南	沖蛇53歲煞西	沖龍54歲煞北	沖兔55歲煞東	沖虎56歲煞南	沖牛57歲煞西

25	24	23	22	21	大寒
星期四	星期三	星期二	星期一	星期日	
		天德合 月德合 勿探病	勿探病		
初九	初八	初七	初六	初五	午時 11點 09分
丁巳	丙辰	乙卯	甲寅	癸丑	
土	土	水	水	木	
定	平	滿	除	建	
★	★	宜	宜	★	

斗指癸為大寒，時大寒栗烈已極，故名大寒。

節氣諺語：大寒不寒，春分不暖。

大寒若天氣溫暖，表氣候不順，隔年春分仍會寒冷。

25（初九 丁巳 土 定 ★）

忌 祈福、出行、納采、問名、嫁娶、移徙、安床、修造動土、豎柱上樑、開市、立券、交易、納財、破土、安葬、啟攢

解除

外倉庫床 正東

煞47東歲沖豬

24（初八 丙辰 土 平 ★）

諸事不宜

外廚灶栖 正東

煞48南歲沖狗

23（初七 乙卯 水 滿 宜）

宜 祭祀、祈福、出行、納采、問名、嫁娶、移徙、解除、豎柱上樑、開市、立券、交易、納財、安葬、啟攢

忌 修造動土、破土

外碓磨門 正東

煞49西歲沖雞

22（初六 甲寅 水 除 宜）

宜 入宅

忌 祭祀、出行、納采、問名、嫁娶

修造動土、豎柱上樑、破土、安葬、啟攢

外占門爐 東北

煞50北歲沖猴

21（初五 癸丑 木 建 ★）

忌 祈福、出行、納采、問名、嫁娶、移徙、解除、修造動土、豎柱上樑、破土、安葬、啟攢

外房床廁 東北

煞51東歲沖羊

31	30	29	28	27	26
星期三	星期二	星期一	星期日	星期六	星期五
		刀砧日	天德 月德 刀砧日		
十五	十四	十三	十二	十一	初十
癸亥	壬戌	辛酉	庚申	己未	戊午
水	水	木	木	火	火
開	收	成	危	破	執
★	宜	★	宜	宜	★
諸事不宜	**宜** 祭祀 **忌** 祈福、出行、納采、問名、嫁娶、移徙、安床、解除、修造動土、豎柱上樑、開市、立券、交易、納財、破土、安葬、啟攢	**日逢受死日，不宜諸吉事**	**宜** 祭祀、出行、移徙、修造動土、豎柱上樑、開市、立券、交易、納財、破土、安葬、入宅 **忌** 祈福、納采、問名、嫁娶、安床、解除	**宜** 祭祀 **忌** 祈福、出行、納采、問名、嫁娶、移徙、安床、修造動土、豎柱上樑、開市、立券、交易、納財、破土、安葬、啟攢	**忌** 祈福、出行、納采、問名、嫁娶、移徙、安床、解除、修造動土、豎柱上樑、開市、立券、交易、納財、破土、安葬、啟攢
占房床外東南	倉庫栖外東南	廚灶門外東南	碓磨爐外東南	占門廁外正東	房床碓外正東
沖蛇41歲煞西	沖龍42歲煞北	沖兔43歲煞東	沖虎44歲煞南	沖牛45歲煞西	沖鼠46歲煞北

二〇一八年 國曆二月小	1	2	3	4
	四期星	五期星	六期星	日期星
	天赦日	天德合 月德合		天德
農曆一月 端月 煞北方	十六	十七	十八	十九
	甲子	乙丑	丙寅	丁卯
	金	金	火	火
	閉	建	除	除滿
	宜	宜	宜	宜
立春最喜晴一日，元旦景雲光齊天 雨水連綿是豐年，農夫不用力耕田	宜 祭祀、安葬	宜 祭祀、祈福、納采、問名、解除、豎柱上樑、納財、安葬 忌 出行、嫁娶、移徙、修造動土、破土	宜 入宅 忌 祭祀、出行	宜 祭祀、祈福、出行、納采、問名、嫁娶、移徙、解除、修造動土、豎柱上樑、立券、交易、納財、破土、安葬、啟攢
每日胎神占方	占門碓 外東南	碓磨廁 外東南	廚灶爐 外正南	倉庫門 外正南
每日沖煞年齡	沖馬 40歲 煞南	沖羊 39歲 煞東	沖猴 38歲 煞北	沖雞 37歲 煞西

立春

卯時 05點28分

斗指東北維為立春，時春氣始至，四時之卒始，故名立春也。

節氣諺語：立春打雷，十處豬欄九處空。

立春這天如果打雷，會六畜不安。相反的，雷不打春，今年一定好年冬。

5	6	7	8	9
一期星	二期星	三期星	四期星	五期星
		勿探病	月德合	天德合 送神日
二十	廿一	廿二	廿三	廿四
戊辰	己巳	庚午	辛未	壬申
木	木	土	土	金
滿	平	定	執	破
宜	★	宜	宜	宜
宜祭祀、祈福 **忌**納采、問名、嫁娶、開市、立券、交易、納財	**忌**祈福、出行、納采、問名、嫁娶、移徙、安床、解除、修造動土、豎柱上樑、開市、立券、交易、納財、破土、安葬、啟攢	**宜**祭祀、祈福、出行、納采、問名、嫁娶、移徙、豎柱上樑、開市、立券、交易、納財、安葬、入宅 **忌**解除、修造動土、破土	**宜**祭祀、解除、入宅 **忌**祈福、出行、納采、問名、嫁娶、移徙、安床、修造動土、豎柱上樑、開市、立券、交易、納財、破土、安葬、啟攢	**宜**祭祀、祈福、出行、納采、問名、嫁娶、移徙、解除、修造動土、豎柱上樑、安葬
房床栖 外正南	占門床 外正南	占碓磨 外正南	廚灶廁 外西南	倉庫爐 外西南
沖狗 36歲 煞南	沖豬 35歲 煞東	沖鼠 34歲 煞北	沖牛 33歲 煞西	沖虎 32歲 煞南

10	11	12	13	14	15
六期星	日期星	一期星	二期星	三期星	四期星
天神下降日	月德	刀砧日	月德 刀砧日	天德	除夕 天赦日
廿五	廿六	廿七	廿八	廿九	三十
癸酉	甲戌	乙亥	丙子	丁丑	戊寅
金	火	火	水	水	土
危	成	收	開	閉	建
宜	★	宜	宜	宜	宜
宜祭祀、破土、安葬、入宅 **忌**祈福、出行、納采、問名、嫁娶、移徙、安床、解除、修造動土、豎柱上樑、開市、立券、交易、納財	**日逢受死日，不宜諸吉事**	**宜**祭祀、祈福、出行、納采、問名、移徙、修造動土、豎柱上樑、開市、立券、交易、納財、入宅 **忌**嫁娶	**宜**祭祀、祈福、出行、納采、問名、嫁娶、移徙、解除、修造動土、豎柱上樑、開市、納財	**宜**祭祀 **忌**祈福、出行、納采、問名、嫁娶、移徙、安床、解除、修造動土、豎柱上樑、開市、立券、交易、納財、破土、安葬、啟攢	**宜**納采、問名、解除、豎柱上樑、立券、交易、納財、安葬 **忌**祭祀、出行、嫁娶、移徙、修造動土、破土
房床門 外西南	門碓栖 外西南	碓磨床 外西南	廚灶碓 外西南	倉庫廁 外正西	房床爐 外正西
沖兔 31歲 煞東	沖龍 30歲 煞北	沖蛇 29歲 煞西	沖馬 28歲 煞南	沖羊 27歲 煞東	沖猴 26歲 煞北

	16	17	18	19
雨水	星期五	星期六	星期日	星期一
	春節、勿探病		月德合	天德合、勿探病、孫真人聖誕
丑時 01點18分	正月	初二	初三	初四
	己卯	庚辰	辛巳	壬午
	土	金	金	木
	除	滿	平	定
	宜	宜	宜	宜
斗指壬為雨水，時東風解凍，冰雪皆散而為水，化而為雨，故名雨水。 **節氣諺語：雨水，海水卡冷鬼。** 雨水時節雖已入春，但溫度仍低，海水摸起來還是非常冷冽。	**宜** 出行、嫁娶、解除、立券、交易、入宅	**宜** 祭祀、祈福 **忌** 納采、問名、嫁娶、開市、立券、交易、納財	**宜** 祭祀 **忌** 祈福、出行、解除	**宜** 祭祀、祈福、出行、納采、問名、嫁娶、移徙、解除、修造動土、豎柱上樑、開市、立券、交易、納財、破土、安葬、入宅
	占大門 外正西	碓磨栖 外正西	廚灶床 外正西	倉庫碓 外西北
	沖雞 26歲 煞西	沖狗 25歲 煞南	沖豬 24歲 煞東	沖鼠 23歲 煞北

24	23	22	21	20
星期六	星期五	星期四	星期三	星期二
天德 刀砧日 玉皇大帝聖誕	月德		清水祖師聖誕	
初九	初八	初七	初六	初五
丁亥	丙戌	乙酉	甲申	癸未
土	土	水	水	木
收	成	危	破	執
宜	★	**宜**	**宜**	★
宜祭祀、祈福、出行、納采、問名、移徙、解除、修造動土、豎柱上樑、開市、立券、交易、納財 **忌**嫁娶	**日逢受死日，不宜諸吉事**	**宜**祭祀、破土、安葬、入宅 **忌**祈福、出行、納采、問名、嫁娶、移徙、安床、解除、修造動土、豎柱上樑、開市、立券、交易、納財	**宜**祭祀、解除 **忌**祈福、出行、納采、問名、嫁娶、移徙、安床、修造動土、豎柱上樑、開市、立券、交易、納財、破土、安葬、啟攢	**忌**開市、立券、交易、納財
倉庫床 外西北	廚灶栖 外西北	碓磨門 外西北	占門爐 外西北	房床廁 外西北
沖蛇 18歲 煞西	沖龍 19歲 煞北	沖兔 20歲 煞東	沖虎 21歲 煞南	沖牛 22歲 煞西

丁酉年每日宜忌

28	27	26	25
三期星	二期星	一期星	日期星
月德合 關聖帝君 飛昇日			刀砧日
十三	十二	十一	初十
辛卯	庚寅	己丑	戊子
木	木	火	火
除	建	閉	開
宜	宜	★	宜
宜 祭祀、祈福、出行、納采、問名、嫁娶、移徙、解除、修造動土、豎柱上樑、立券、交易、破土、安葬、啟攢、入宅	**宜** 立券、交易、納財 **忌** 祭祀、祈福、出行、納采、問名、嫁娶、移徙、解除、修造動土、豎柱上樑、破土、安葬、啟攢	**諸事不宜**	**宜** 祭祀 **忌** 納采、問名、破土、安葬、啟攢
廚灶門 外正北	碓磨爐 外正北	占門廁 外正北	房床碓 外正北
沖雞14歲煞西	沖猴15歲煞北	沖羊16歲煞東	沖馬17歲煞南

六

擇日與擇時

如何擇日與擇時

目前農民曆比較常被使用的功能就是「擇日」。雖然家家戶戶都有農民曆，上面「宜」、「忌」也標明得很清楚，不過大部分的人面對重要的事項，例如：結婚、安葬、安床等，仍都會慎重地請懂得命理的老師來選擇。

原因就在於除了少數的幾個「諸事皆宜」的日子之外，大部分的好日子，也不是每一件事情都可以做，甚至是在「諸事皆宜」的日子當中，也不是每個時辰都是好時辰，因此如何趨吉避凶，就著實令人煞費苦心。

不過除了牽涉廣泛的人生大事，像是嫁娶、安葬、生產等需要專業老師來擇日，其他像是日常的搬家、入宅、安床等，只要掌握一些訣竅，就能透過農民曆自己挑選好日子與好時辰。

擇日

首先要看「每日沖煞」的生肖與年齡，有沖犯到相關人員的日子都不能選擇。再來看的是每日的宜忌與用事批註。有一些日子是「凡事不取」、「諸吉事不宜」，這在用事批註的欄位上面，都會清楚標示，在擇日的時候先避開。

接下來針對要進行的事項來挑選，在用事批註這一欄裡頭，會標註每天可以進行的事項，這個部分可以參照前面的名詞解釋，找到自己要做的事項，再回來挑選適合從事這些事項的日子。

有時在擇日的時候也會參照「十二植位」。十二植位代表十二個吉凶神，每日的植神不同，宜忌也不同，十二植位中，最常用到的像是取下制煞物品時，就會挑選「除日」，此外如果是「破日」、「危日」，通常代表諸事不宜。

擇時

選好適合的日子之後，接下來要挑選適合的時間。民間認為每一個時辰都有吉凶神在輪值，因此就算是好日子，也不一定每個時辰都適合，最好能選擇吉神輪值的時間來進行。

每個時辰的吉凶神，主要是根據不同的干支來循環。讀者可以先找出這一天的干支為何，再來對照每日時局表，就可以看到該日的每個時辰吉凶神輪值的情形，再挑選吉神輪值的時辰即可。

時辰吉凶神列表

吉神	金匱、大進、羅紋、交貴、六合、喜神、日祿、天赦、玉堂、少微、三合、進貴、貴人、右弼、天官、明堂、國印、長生、福星、天德、青龍、功曹、寶光、生旺、武曲、唐符、進祿、太陽、帝旺、福德、祿貴、交馳、貪狼、左輔、傳送、合格、鳳輦、太陰、金星、紫微、黃道、明輔、水星、司命、天地、會合、天賦、合局、逢印、臨官、財局、六甲、趨乾、合貴、同類、相資、六壬、趨艮、六申、元祿、馬元、地福、扶元、幹合、右彈、六進、進馬
兇神	日建、天兵、天牢、六戊、元武、大退、日沖、大凶、不遇、勾陳、天賊、路空、天刑、旬空、朱雀、白虎、地兵、日破、比肩、狗食、玄武、日刑、日馬、勿用、雷兵、建刑、日煞、五鬼、天武、天退、日武、日害、進虛、胞胎

日＼時	子	丑	寅	卯	辰	巳
甲子	金匱 大進 日建	羅紋 交貴 六合	喜神 日祿 天兵	天赦 玉堂 少微	三合 天牢 六戊	進貴 元武 大退
乙丑	六合 貴人 天兵	福星 天赦 朱雀	進貴 金匱 六戊	大進 天德 日祿	進貴 白虎 地兵	三合 玉堂 不遇
丙寅	天官 青龍 六戊	明堂 右弼 狗食	長生 天刑 地兵	進貴 功曹 朱雀	金匱 不遇 路空	日祿 寶光 路空
丁卯	司命 日刑 地兵	唐符 武曲 勾陳	青龍 大退 路空	明堂 進貴 路空	不遇 天刑 武曲	進祿 朱雀 口馬
戊辰	三合 大進 路空	貴人 元武 路空	長生 司命 不遇	天官 太陽 勾陳	喜神 青龍 天兵	明堂 天赦 日祿
己巳	大進 貴人 白虎	三合 玉堂 不遇	喜神 天官 天兵	天赦 天兵 元武	司命 雷兵 六戊	帝旺 勾陳 大退
庚午	日沖 大凶 不遇	祿貴 交馳 天德	三合 生旺 六戊	玉堂 大進 天賊	武曲 天牢 地兵	長生 進貴 元武
辛未	長生 進貴 六戊	日破 大凶 朱雀	羅紋 交貴 地兵	三合 寶光 天德	唐符 白虎 路空	福星 玉堂 路空
壬申	三合 青龍 地兵	天官 明堂 左輔	日沖 大凶 路空	貴人 朱雀 路空	三合 金匱 福星	羅紋 交貴 天德
癸酉	日祿 大進 路空	三合 勾陳 路空	青龍 功曹 天賊	日沖 大凶 勿用	六合 喜神 天兵	三合 羅紋 交貴
甲戌	大進 福德 天牢	貴人 日刑 元武	喜神 日祿 天兵	六合 天赦 帝旺	日破 大凶 六戊	明堂 傳送 大退
乙亥	喜神 貴人 天兵	玉堂 福星 天赦	六合 天牢 六戊	三合 大進 日祿	司命 功曹 地兵	日沖 大凶 勾陳
丙子	福星 金匱 六戊	六合 寶光 進貴	長生 日馬 地兵	玉堂 少微 日刑	三合 不遇 路空	日祿 進祿 路空
丁丑	六合 進貴 地兵	唐符 朱雀 日建	金匱 大退 路空	天德 寶光 路空	進貴 日煞 白虎	三合 玉堂 帝旺
戊寅	大進 青龍 路空	明堂 貴人 路空	長生 進祿 天刑	天官 貪狼 朱雀	喜神 金匱 天兵	日祿 天赦 寶光

丁酉年每日時局表

亥	戌	酉	申	未	午	時／日
長生 進貴 朱雀	國印 天刑 旬空	天官 明堂 路空	三合 天賊 路空	貴人 右弼 勾陳	日沖 大凶 不遇	甲子
福星 明堂 天赦	喜神 青龍 天兵	三合 比肩 勾陳	羅紋 交貴 大退	日破 大凶 路空	長生 天牢 路空	乙丑
六合 貴人 勾陳	三合 司命 六戊	天赦 貴人 玄武	日沖 大凶 天牢	玉堂 少微 武曲	三合 生旺 大進	丙寅
三合 貴人 元武	六合 天牢 地兵	日沖 大凶 勿用	功曹 白虎 六戊	三合 寶光 天赦	喜神 日祿 天兵	丁卯
玉堂 路空 旬空	日破 大凶 路空	六合 寶光 天德	三合 金匱 地兵	右弼 貴人 朱雀	雷兵 天刑 六戊	戊辰
日沖 大凶 不遇	金匱 福德 旬空	三合 長生 路空	羅紋 交貴 路空	明堂 福星 武曲	青龍 日祿 地兵	己巳
天赦 進祿 朱雀	三合 天兵 喜神	明堂 帝旺 貪狼	青龍 日祿 日馬	六合 貴人 路空	司命 福星 路空	庚午
三合 明堂 旬空	青龍 六戊 雷兵	天赦 日祿 不遇	喜神 司命 天兵	右弼 日建 元武	六合 大進 貴人	辛未
日祿 少微 勾陳	司命 進祿 地兵	大進 進貴 元武	長生 雷兵 六戊	玉堂 天赦 少微	喜神 白虎 天兵	壬申
帝旺 元武 路空	天官 天牢 路空	玉堂 進祿 建刑	狗食 白虎 地兵	天德 寶光 不遇	金匱 雷兵 六戊	癸酉
長生 玉堂 功曹	武曲 白虎 日建	天官 寶光 路空	金匱 天賊 路空	貴人 日刑 朱雀	三合 不遇 地兵	甲戌
福星 天赦 寶光	喜神 金匱 天兵	太陽 朱雀 比肩	貴人 大退 天賊	三合 明堂 路空	長生 青龍 路空	乙亥
羅紋 交貴 朱雀	福星 天刑 六戊	明堂 貴人 天赦	三合 青龍 喜神	進貴 勾陳 日煞	日沖 大凶 勿用	丙子
明堂 天官 貴人	青龍 進貴 地兵	三合 大進 福星	司命 進貴 六戊	日破 大凶 元武	喜神 日祿 天兵	丁丑
天地 會合 路空	三合 司命 路空	進虛 天賦 元武	日沖 貴人 天牢	玉堂 貴人 少微	三合 帝旺 六戊	戊寅

丁酉年每日時局表

巳	辰	卯	寅	丑	子	時／日
日馬 朱雀 大退	雷兵 天刑 六戊	天赦 明堂 日建	喜神 青龍 天兵	武曲 勾陳 不遇	大進 貴人 司命	己卯
長生 明堂 功曹	青龍 日建 地兵	大進 胞胎 逢印	司命 日馬 六戊	天赦 貴人 元武	三合 喜神 天兵	庚辰
進貴 福星 路空	司命 進貴 路空	貪狼 天賊 元武	貴人 天牢 地兵	三合 玉堂 少微	長生 白虎 六戊	辛巳
貴人 長生 元武	福星 武曲 天牢	玉堂 貴人 路空	三合 臨官 路空	進貴 寶光 日煞	日沖 大凶 地兵	壬午
玉堂 貴人 大退	天官 喜神 天兵	三合 寶光 貴人	金匱 福星 進貴	日破 大凶 路空	大進 日祿 路空	癸未
天地 合格 寶光	三合 財局 六戊	天赦 帝旺 傳送	日沖 大凶 朱雀	羅紋 交貴 明堂	大進 青龍 路空	甲申
三合 朱雀 不遇	天地 會合 地兵	日沖 大凶 五鬼	青龍 雷兵 六戊	三合 進貴 福星	羅紋 交貴 天兵	乙酉
明堂 日祿 路空	日破 大凶 路空	天地 合局 勾陳	三合 司命 地兵	太陰 元武 日刑	天官 福星 六戊	丙戌
日沖 大凶 勾陳	司命 功曹 右弼	三合 元武 路空	天地 會合 路空	玉堂 唐符 少微	貪狼 白虎 地兵	丁亥
天赦 日祿 元武	三合 喜神 天兵	玉堂 天官 進貴	長生 日馬 六戊	六合 貴人 路空	大進 金匱 路空	戊子
三合 玉堂 帝旺	進貴 白虎 六戊	天赦 寶光 天德	喜神 金匱 天兵	唐符 不遇 朱雀	大進 羅紋 合貴	己丑
長生 寶光 進貴	金匱 福德 地兵	大進 胞胎 逢印	長生 雷兵 六戊	天赦 貴人 明堂	喜神 青龍 天兵	庚寅
福星 朱雀 路空	進貴 天刑 路空	明堂 同類 相資	青龍 貴人 地兵	武曲 勾陳 太陰	司命 雷兵 六戊	辛卯
明堂 貴人 天賊	福星 青龍 建刑	福星 貴人 路空	司命 臨官 路空	天官 水星 元武	三合 天牢 地兵	壬辰
天赦 貴人 大退	司命 喜神 天兵	長生 福星 貴人	天賊 天牢 日刑	三合 玉堂 路空	大進 日祿 路空	癸巳

丁酉年每日時局表

亥	戌	酉	申	未	午	時／日
三合 進祿 不遇	天地 合局 天牢	日沖 大凶 路空	羅紋 交貴 路空	三合 寶光 福星	金匱 日祿 地兵	己卯
天赦 玉堂 傳送	日破 大凶 白虎	天地 會合 寶光	三合 日祿 金匱	貴人 朱雀 路空	福星 天官 路空	庚辰
日沖 大凶 勿用	金匱 雷兵 六戊	三合 日祿 天赦	六合 喜神 天兵	明堂 武曲 明輔	大進 貴人 青龍	辛巳
祿貴 交馳 朱雀	三合 天刑 地兵	大進 明堂 進祿	青龍 日馬 六戊	天地 會合 天赦	喜神 司命 天兵	壬午
三合 明堂 路空	天官 青龍 路空	五鬼 勾陳 旬空	司命 進貴 地兵	唐符 不遇 元武	六合 進貴 六戊	癸未
六甲 趨乾 進貴	司命 鳳輦 國印	天官 元武 路空	長生 天賊 路空	玉堂 貴人 狗食	進祿 不遇 地兵	甲申
福星 天赦 元武	喜神 進貴 天兵	玉堂 少微 建刑	天官 貴人 白虎	天德 寶光 路空	金匱 長生 路空	乙酉
玉堂 貴人 大退	福星 武曲 六戊	寶光 貴人 天赦	喜神 金匱 天兵	少微 朱雀 日刑	三合 大進 帝旺	丙戌
天官 寶光 貴人	金匱 福德 地兵	大進 貴人 福星	雷兵 天刑 六戊	三合 天赦 明堂	祿貴 交馳 天兵	丁亥
少微 朱雀 路空	右弼 天刑 路空	明堂 貪狼 天賊	三合 青龍 地兵	羅紋 交貴 勾陳	日沖 大凶 六戊	戊子
明堂 日馬 不遇	青龍 進貴 日刑	三合 長生 路空	司命 貴人 路空	日破 大凶 旬空	祿貴 交馳 地兵	己丑
六合 天赦 勾陳	喜神 司命 天兵	金星 帝旺 天武	日沖 大凶 天牢	玉堂 貴人 路空	三合 福星 路空	庚寅
三合 元武 大退	六合 天牢 六戊	日沖 大凶 不遇	喜神 白虎 天兵	三合 財局 寶光	大進 貴人 金匱	辛卯
玉堂 日祿 少微	日破 大凶 白虎	六合 大進 寶光	三合 長生 六戊	天官 天赦 朱雀	唐符 喜神 天兵	壬辰
日沖 大凶 路空	天官 金匱 路空	三合 朱雀 五鬼	六合 長生 地兵	明堂 唐符 不遇	青龍 進祿 六戊	癸巳

巳	辰	卯	寅	丑	子	時／日
進祿 大退 狗食	雷兵 天牢 六戊	玉堂 天赦 帝旺	喜神 司命 天兵	天德 寶光 貴人	日沖 大凶 勿用	甲午
日馬 玉堂 不遇	進貴 白虎 地兵	三合 大進 日祿	金匱 進貴 六戊	日破 大凶 朱雀	喜神 貴人 天兵	乙未
寶光 日祿 路空	三合 金匱 路空	紫微 貪狼 朱雀	日沖 大凶 天刑	明堂 進貴 右弼	福星 青龍 六戊	丙申
三合 生旺 朱雀	六合 武曲 天刑	日沖 大凶 路空	青龍 大退 路空	三合 進祿 勾陳	司命 鳳輦 地兵	丁酉
明堂 日祿 天赦	日破 大凶 旬空	天官 六合 勾陳	三合 司命 不遇	貴人 元武 路空	大進 天牢 路空	戊戌
日沖 大凶 旬空	司命 雷兵 六戊	三合 進貴 天赦	喜神 進貴 天兵	玉堂 少微 不遇	大進 貴人 白虎	己亥
長生 太陰 元武	三合 天牢 地兵	大進 玉堂 進貴	日馬 白虎 六戊	天赦 貴人 寶光	金匱 天兵 喜神	庚子
三合 福星 路空	唐符 路空 白虎	天德 寶光 比肩	羅紋 交貴 地兵	太陰 日建 朱雀	長生 進貴 六戊	辛丑
天德 寶光 貴人	金匱 福星 進祿	貴人 朱雀 路空	六壬 趨艮 路空	明堂 天官 進貴	青龍 貪狼 地兵	壬寅
天赦 貴人 大退	喜神 武曲 天兵	祿貴 交馳 明堂	青龍 左輔 狗食	進貴 勾陳 路空	大進 進祿 路空	癸卯
明堂 五鬼 大退	青龍 雷兵 六戊	天赦 帝旺 勾陳	福星 日祿 天兵	貴人 太陰 元武	三合 大進 天牢	甲辰
少微 左輔 勾陳	司命 狗食 地兵	元祿 大進 日武	進祿 雷兵 六戊	三合 天赦 玉堂	祿貴 交馳 天兵	乙巳
日祿 金星 路空	武曲 不遇 路空	玉堂 進貴 少微	三合 長生 地兵	寶光 天德 進祿	日沖 大凶 六戊	丙午
日馬 帝旺 玉堂	進貴 不遇 白虎	三合 寶光 路空	金匱 臨官 路空	日破 大凶 朱雀	進貴 天刑 地兵	丁未
六合 日祿 寶光	喜神 金匱 天兵	天官 進貴 朱雀	日沖 大凶 天刑	明堂 貴人 路空	大進 青龍 路空	戊申

丁酉年每日時局表

亥	戌	酉	申	未	午	時／日
長生 左輔 朱雀	三合 右弼 天刑	天官 明堂 路空	青龍 日馬 路空	羅紋 交貴 勾陳	司命 不遇 地兵	甲午
三合 明堂 福星	喜神 青龍 天兵	太陽 比肩 勾陳	羅紋 交貴 司命	右弼 元武 路空	六合 長生 路空	乙未
羅紋 交貴 天退	司命 福星 六戊	天赦 貴人 元武	喜神 天兵 天牢	玉堂 進貴 狗食	大進 武曲 白虎	丙申
天官 貴人 元武	右弼 天牢 地兵	大進 玉堂 福星	雷兵 白虎 六戊	天赦 進貴 寶光	喜神 祿貴 天兵	丁酉
玉堂 少微 路空	武曲 白虎 路空	天德 寶光 天賊	金匱 福星 地兵	貴人 右弼 朱雀	三合 帝旺 六戊	戊戌
天德 寶光 建刑	金匱 福德 狗食	長生 朱雀 路空	祿貴 交馳 路空	三合 明堂 福星	青龍 日祿 地兵	己亥
天赦 左輔 朱雀	喜神 不遇 天兵	明堂 帝旺 進貴	三合 日祿 青龍	貴人 進祿 路空	日沖 大凶 路空	庚子
明堂 日馬 大退	青龍 六戊 雷兵	三合 天赦 日祿	喜神 司命 天兵	日破 大凶 玄武	羅紋 交貴 大進	辛丑
祿貴 交馳 六合	三合 司命 地兵	大進 傳送 天武	日沖 大凶 勿用	玉堂 天官 天赦	喜神 三合 天兵	壬寅
三合 生旺 路空	六合 進貴 路空	日沖 大凶 五鬼	國印 白虎 地兵	三合 寶光 天德	金匱 雷兵 六戊	癸卯
六申 趨乾 玉堂	日破 大凶 白虎	六合 寶光 路空	三合 金匱 路空	天官 貴人 朱雀	貪狼 天刑 地兵	甲辰
日沖 大凶 勿用	喜神 金匱 天兵	三合 太陽 朱雀	六合 貴人 天賊	明堂 進貴 路空	青龍 長生 路空	乙巳
祿貴 交馳 朱雀	三合 福星 六戊	明堂 貴人 天赦	喜神 青龍 天兵	六合 長生 勾陳	大進 司命 帝旺	丙午
三合 明堂 貴人	青龍 進貴 地兵	大進 貴人 福星	司命 進貴 六戊	同類 相資 元武	喜神 日祿 天兵	丁未
少微 勾陳 路空	司命 鳳輦 路空	功曹 元武 五鬼	福星 進祿 地兵	羅紋 交貴 玉堂	帝旺 白虎 六戊	戊申

時／日	子	丑	寅	卯	辰	巳
己酉	大進 貴人 司命	三合 唐符 不遇	喜神 青龍 天兵	日破 大凶 旬空	六合 雷兵 六戊	三合 生旺 朱雀
庚戌	喜神 天牢 天兵	天赦 貴人 元武	三合 司命 六戊	六合 大進 勾陳	日破 大凶 地兵	長生 明堂 傳送
辛亥	長生 白虎 六戊	玉堂 少微 五鬼	六合 貴人 天兵	三合 元武 天賊	司命 進祿 路空	日破 大凶 路空
壬子	金匱 福德 地福	六合 天德 寶光	趨艮 白虎 路空	祿貴 交馳 路空	三合 福星 武曲	羅紋 交貴 天賊
癸丑	大進 日祿 路空	同類 相資 路空	金匱 進貴 天賊	福星 貴人 寶光	喜神 白虎 天兵	三合 貴人 玉堂
甲寅	大進 青龍 進祿	明堂 貴人 右弼	喜神 日祿 天兵	天赦 帝旺 朱雀	金匱 雷兵 六戊	寶光 大退 日刑
乙卯	司命 貴人 天兵	天赦 福星 勾陳	青龍 雷兵 六戊	大進 日祿 明堂	武曲 天刑 地兵	日馬 少微 朱雀
丙辰	三合 福星 六戊	國印 元武 旬空	長生 司命 地兵	幹合 勾陳 日害	青龍 建刑 路空	明堂 日祿 路空
丁巳	貪狼 白虎 地兵	三合 玉堂 少微	進貴 大退 路空	進貴 元武 路空	司命 傳送 右弼	帝旺 左輔 勾陳
戊午	日破 大凶 路空	寶光 貴人 路空	三合 生旺 白虎	玉堂 天官 少微	喜神 武曲 天兵	日祿 天赦 元武
己未	大進 羅紋 交貴	日破 大凶 朱雀	喜神 金匱 天兵	三合 寶光 天赦	進貴 白虎 六戊	帝旺 玉堂 大退
庚申	三合 青龍 天兵	明堂 貴人 天赦	日破 大凶 六戊	大進 進貴 天賊	三合 金匱 地兵	六合 長生 寶光
辛酉	司命 長生 六戊	三合 武曲 勾陳	青龍 貴人 地兵	日沖 大凶 勿用	六合 天刑 路空	三合 福星 路空
壬戌	帝旺 天牢 地兵	天官 水星 元武	三合 司命 路空	六合 貴人 路空	日破 大凶 勿用	明堂 貴人 天賊
癸亥	大進 日祿 路空	玉堂 少微 路空	六合 臨官 天牢	三合 長生 貴人	喜神 司命 天兵	日破 大凶 勾陳

丁酉年每日時局表

亥	戌	酉	申	未	午	時／日
馬元 不遇 元武	右弼 太陰 天牢	長生 玉堂 路空	貴人 路空 白虎	福星 寶光 進祿	金匱 日祿 地兵	己酉
玉堂 天赦 少微	喜神 白虎 天兵	天德 寶光 帝旺	金匱 日祿 馬元	貴人 朱雀 路空	福星 天官 路空	庚戌
天德 寶光 大退	金匱 雷兵 六戊	天赦 日祿 進貴	喜神 明堂 天兵	三合 明堂 武曲	大進 貴人 青龍	辛亥
日祿 少微 朱雀	右弼 天刑 地兵	大進 進貴 明堂	三合 青龍 六戊	天赦 天官 勾陳	日破 大凶 天兵	壬子
明堂 日馬 路空	青龍 日刑 路空	三合 扶元 勾陳	司命 進貴 天兵	日破 大凶 玄武	進貴 天牢 六戊	癸丑
六合 長生 勾陳	三合 司命 進祿	天官 唐符 路空	日破 大凶 路空	羅紋 交貴 玉堂	三合 白虎 地兵	甲寅
天赦 三合 福星	喜神 六合 天兵	日沖 大凶 勿用	貴人 白虎 大退	三合 寶光 路空	長生 金匱 路空	乙卯
玉堂 貴人 大退	日破 大凶 六戊	天赦 貴人 寶光	喜神 金匱 天兵	少微 右彈 朱雀	大進 帝旺 天刑	丙辰
日破 大凶 五鬼	金匱 福德 地兵	三合 大進 貴人	六合 進祿 六戊	天赦 明堂 武曲	喜神 日祿 天兵	丁巳
少微 朱雀 路空	三合 財局 路空	明堂 貪狼 進貴	青龍 福星 地兵	祿貴 交馳 勾陳	司命 帝旺 六戊	戊午
三合 明堂 不遇	青龍 進貴 日刑	長生 勾陳 路空	司命 貴人 路空	福星 右弼 元武	祿貴 交馳 地兵	己未
天赦 水星 勾陳	喜神 司命 天兵	帝旺 進貴 元武	日祿 太陽 天牢	玉堂 貴人 路空	福星 天官 路空	庚申
日馬 元武 大退	雷兵 天牢 六戊	祿貴 交馳 天赦	喜神 進貴 天兵	天德 寶光 黃道	大進 貴人 金匱	辛酉
玉堂 日祿 少微	武曲 白虎 地兵	六進 天德 寶光	金匱 日馬 六戊	天官 天赦 朱雀	喜神 三合 天兵	壬戌
寶光 帝旺 路空	金匱 進祿 路空	進馬 朱雀 五鬼	國印 天刑 地兵	三合 明堂 不遇	青龍 雷兵 六戊	癸亥

七

財喜貴方

如何運用財喜貴方

吉祥方位與煞方，也就是一般說的財喜貴方與煞方。傳統上認為，每個方位每天都有不同的吉凶神輪值。一般來說吉神方位有**財神**、**喜門**、**貴門**、**文昌**、**正財**與**偏財**，而凶神則有煞方。

以二〇一七年國曆一月一日這天來說，這天的**財神**在**正北**，**正財**在**西南**。這兩個方位關係到正財的部分，也就是平常正規收入的部分。所以如果今天正好是關係到加薪，或是談生意的日子，那出門後就可選擇往**正北**或**西南**的方位走路或開車三到五分鐘，就可以承接到財神的財氣。

偏財方關係的是偏財的進帳，像是賺外快或者是買彩券的人，出門時可以先往今天的偏財方走，便大大的增加中獎的機率。

喜門是喜事的方位，想要求婚、提親或者是告白甚至是第一次約會的人，出門前可以先往喜門的方位走，可以增加成功的機率。

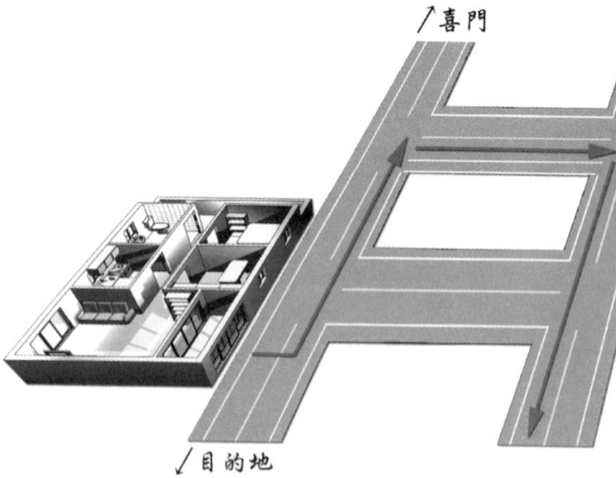

有特定目的時，先往有利之方位移動三到五分鐘，再前往目的地。例如想要告白者，出門後可以先往喜門方向移動，再前往約會場所。

貴門是貴人的方位，希望貴人運強一點的，則可以往貴門的方向走，就可以招來更強的貴人運，避開小人，讓你工作更順利。

文昌關係到考試、讀書等事情，有考試的考生或是工作上要參加升等考試，出門前可以先往今天的文昌方位走，除了能為自己增加一些分數外，也具有穩定自己軍心的作用。

煞方則是當日凶神所在的地方，要盡量避免往該方面活動，以免好事多磨，壞事折磨，如果無可避免的要往那個方位走，那麼出門前不妨多繞一點路，先往其他的好方位走，再轉往目的地，以避免沾染不好的氣場。

有特定目的時，先往有利之方位移動三到五分鐘，再前往目的地。例如想要告白者，出門後可以先往喜門方向移動，再前往約會場所。

目的地為煞方時，先往有利之方位移動三到五分鐘，再前往目的地。例如目的地為煞方，出門後可先往財位方向移動，再前往原目的地。

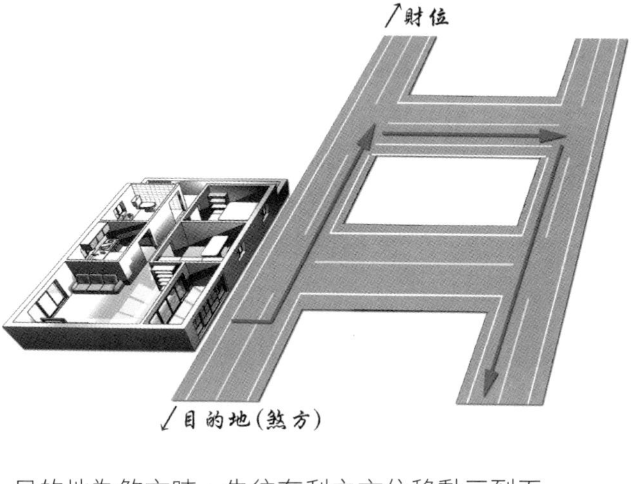

目的地為煞方時，先往有利之方位移動三到五分鐘，再前往目的地。例如目的地為煞方，出門後可先往財位方向移動，再前往原目的地。

丁酉年財喜貴煞方位表

二〇一七國曆一月	正月	支干	財神	喜門	貴門	文昌	正財	偏財	煞方
1	**初四**	戊子	正北	東南	東北	西北	西南	正東	正南
2	**初五**	己丑	正北	東北	正北	正北	正西	正東	正東
3	**初六**	庚寅	正東	西北	東北	東北	西北	正南	正北
4	**初七**	辛卯	正東	西南	東北	正東	正北	正南	正西
5	**初八**	壬辰	正南	正南	正東	東南	東北	中央	正南
6	**初九**	癸巳	正南	東南	東南	正南	正東	中央	正東
7	**初十**	甲午	東南	東北	西南	西南	東南	正西	正北
8	**十一**	乙未	東南	西北	西南	正南	正東	中央	正西
9	**十二**	丙申	正西	西南	正西	西南	東南	正西	正南
10	**十三**	丁酉	正西	正南	西北	正西	正南	正西	正東
11	**十四**	戊戌	正北	東南	東北	西南	東南	正北	正北
12	**十五**	己亥	正北	東北	西南	正西	正南	正北	正西
13	**十六**	庚子	正東	西北	東北	西北	西南	正東	正南
14	**十七**	辛丑	正東	西南	東北	正北	正西	正東	正東
15	**十八**	壬寅	正南	正南	正東	東北	西北	正南	正北

丁酉年財喜貴煞方位表

二〇一七國曆一月	正月	干支	財神	喜門	貴門	文昌	正財	偏財	煞方
16	十九	癸卯	正南	東南	正東	正東	正北	正南	正西
17	二十	甲辰	東南	東北	西南	東南	東北	中央	正南
18	廿一	乙巳	東南	西北	正北	正南	正東	中央	正東
19	廿二	丙午	正西	西南	西北	西南	東南	正西	正北
20	廿三	丁未	正西	正南	西北	正西	正南	正西	正西
21	廿四	戊申	正北	東南	西南	西南	東南	正南	正南
22	廿五	己酉	正北	東北	西南	正西	正南	正北	正東
23	廿六	庚戌	正東	西北	西南	西北	西南	正東	正北
24	廿七	辛亥	正東	西南	正南	正北	正西	正東	正西
25	廿八	壬子	正南	正南	正東	東北	西北	正南	正南
26	廿九	癸丑	正南	東南	正東	正東	正北	正南	正東
27	三十	甲寅	東南	東北	東北	東南	東北	中央	正北
28	正月	乙卯	東南	西北	西南	正南	正東	中央	正西
29	初二	丙辰	正西	西南	正西	西南	東南	正西	正南
30	初三	丁巳	正西	正南	正西	正西	正南	正西	正東
31	初四	戊午	正北	東南	西南	西南	東南	正北	正北

丁酉年財喜貴煞方位表

煞方	偏財	正財	文昌	貴門	喜門	財神	支干	二月	二〇一七國曆二月
正西	正北	正南	正西	西南	東北	正北	己未	初五	1
正南	正東	西南	西北	西南	西北	正東	庚申	初六	2
正東	正東	正西	正北	東北	西南	正東	辛酉	初七	3
正北	正南	西北	東北	正東	正南	正南	壬戌	初八	4
正西	正南	正北	正東	正東	東南	正南	癸亥	初九	5
正南	中央	東北	東南	東北	東北	東南	甲子	初十	6
正東	中央	正東	正南	正北	西北	東南	乙丑	十一	7
正北	正西	東南	西南	正西	西南	正西	丙寅	十二	8
正西	正西	正南	正西	西北	正南	正西	丁卯	十三	9
正南	正北	東南	正北	東北	東南	正北	戊辰	十四	10
正東	正北	正南	正西	西南	東北	正北	己巳	十五	11
正北	正東	西南	西北	西南	西北	正東	庚午	十六	12
正西	正東	正西	正北	正南	西南	正東	辛未	十七	13
正南	正南	西北	東北	正東	正南	正南	壬申	十八	14
正東	正南	正北	正東	東南	東南	正南	癸酉	十九	15

丁西年財喜貴煞方位表

煞方	偏財	正財	文昌	貴門	喜門	財神	支干	二月	二〇一七國曆二月
正北	中央	東北	東南	東北	東北	東南	甲戌	二十	16
正西	中央	正東	正南	西南	西北	東南	乙亥	廿一	17
正南	正西	東南	西南	正西	西南	正西	丙子	廿二	18
正東	正西	正南	正西	西北	正南	正西	丁丑	廿三	19
正北	正北	東南	西南	東北	東南	正北	戊寅	廿四	20
正西	正北	正南	正西	西南	東北	正北	己卯	廿五	21
正南	正東	西南	西北	東北	西北	正東	庚辰	廿六	22
正東	正東	西南	正北	東北	西南	正東	辛巳	廿七	23
正北	正南	西北	東北	正東	正南	正南	壬午	廿八	24
正西	正南	正北	正東	正東	東南	正南	癸未	廿九	25
正南	中央	東北	東南	西南	東北	東南	甲申	二月	26
正東	中央	正東	正南	西南	西北	東南	乙酉	初二	27
正北	正西	東南	西南	正西	西南	正西	丙戌	初三	28

丁酉年財喜貴煞方位表

二〇一七國曆三月	三月	支干	財神	喜門	貴門	文昌	正財	偏財	煞方
1	初四	丁亥	正西	正南	正西	正西	正南	正西	正西
2	初五	戊子	正北	東南	東北	西北	西南	正東	正南
3	初六	己丑	正北	東北	正北	正北	正西	正東	正東
4	初七	庚寅	正東	西北	東北	東北	西北	正南	正北
5	初八	辛卯	正東	西南	東北	正東	正北	正南	正西
6	初九	壬辰	正南	正南	正東	東南	東北	中央	正南
7	初十	癸巳	正南	東南	東南	正南	正東	中央	正東
8	十一	甲午	東南	東北	西南	西南	東南	正西	正北
9	十二	乙未	東南	西北	西南	正南	正東	中央	正西
10	十三	丙申	正西	西南	正西	西南	東南	正西	正南
11	十四	丁酉	正西	正南	西北	正西	正南	正西	正東
12	十五	戊戌	正北	東南	東北	西南	東南	正北	正北
13	十六	己亥	正北	東北	西南	正西	正南	正北	正西
14	十七	庚子	正東	西北	東北	西北	西南	正東	正南
15	十八	辛丑	正東	西南	東北	正北	正西	正東	正東

丁酉年財喜貴煞方位表

煞方	偏財	正財	文昌	貴門	喜門	財神	干支	三月	二〇一七國曆三月
正北	正南	西北	東北	正東	正南	正南	壬寅	十九	16
正西	正南	正北	正東	正東	東南	正南	癸卯	二十	17
正南	中央	東北	東南	西南	東北	東南	甲辰	廿一	18
正東	中央	正東	正南	正北	西北	東南	乙巳	廿二	19
正北	正西	東南	西南	西北	西南	正西	丙午	廿三	20
正西	正西	正南	正西	西北	正南	正西	丁未	廿四	21
正南	正南	東南	西南	西南	東南	正北	戊申	廿五	22
正東	正北	正南	正西	西南	東北	正北	己酉	廿六	23
正北	正東	西南	西北	西南	西北	正東	庚戌	廿七	24
正西	正東	正西	正北	正南	西南	正東	辛亥	廿八	25
正南	正南	西北	東北	正東	正南	正南	壬子	廿九	26
正東	正南	正北	正東	正東	東南	正南	癸丑	三十	27
正北	中央	東北	東南	東北	東北	東南	甲寅	三月	28
正西	中央	正東	正南	西南	西北	東南	乙卯	初二	29
正南	正西	東南	西南	正西	西南	正西	丙辰	初三	30
正東	正西	正南	正西	正西	正南	正西	丁巳	初四	31

丁酉年財喜貴煞方位表

二〇一七國曆四月	四月	支干	財神	喜門	貴門	文昌	正財	偏財	煞方
1	初五	戊午	正北	東南	西南	西南	東南	正北	正北
2	初六	己未	正北	東北	西南	正西	正南	正北	正西
3	初七	庚申	正東	西北	西南	西北	西南	正東	正南
4	初八	辛酉	正東	西南	東北	正北	正西	正東	正東
5	初九	壬戌	正南	正南	正東	東北	西北	正南	正北
6	初十	癸亥	正南	東南	正東	正東	正北	正南	正西
7	十一	甲子	東南	東北	東北	東南	東北	中央	正南
8	十二	乙丑	東南	西北	正北	正南	正東	中央	正東
9	十三	丙寅	正西	西南	正西	西南	東南	正西	正北
10	十四	丁卯	正西	正南	西北	正西	正南	正西	正西
11	十五	戊辰	正北	東南	東北	正北	東南	正北	正南
12	十六	己巳	正北	東北	西南	正西	正南	正北	正東
13	十七	庚午	正東	西北	西南	西北	西南	正東	正北
14	十八	辛未	正東	西南	正南	正北	正西	正東	正西
15	十九	壬申	正南	正南	正東	東北	西北	正南	正南

丁酉年財喜貴煞方位表

煞方	偏財	正財	文昌	貴門	喜門	財神	干支	四月	二〇一七國曆四月
正東	正南	正北	正東	東南	東南	正南	癸酉	二十	16
正北	中央	東北	東南	東北	東北	東南	甲戌	廿一	17
正西	中央	正東	正南	西南	西北	東南	乙亥	廿二	18
正南	正西	東南	西南	正西	西南	正西	丙子	廿三	19
正東	正西	正南	正西	西北	正南	正西	丁丑	廿四	20
正北	正北	東南	西南	東北	東南	正北	戊寅	廿五	21
正西	正北	正南	正西	西南	東北	正北	己卯	廿六	22
正南	正東	西南	西北	東北	西北	正東	庚辰	廿七	23
正東	正東	西南	正北	東北	西南	正東	辛巳	廿八	24
正北	正南	西北	東北	正東	正南	正南	壬午	廿九	25
正西	正南	正北	正東	正東	東南	正南	癸未	四月	26
正南	中央	東北	東南	西南	東北	東南	甲申	初二	27
正東	中央	正東	正南	西南	西北	東南	乙酉	初三	28
正北	正西	東南	西南	正西	西南	正西	丙戌	初四	29
正西	正西	正南	正西	正西	正南	正西	丁亥	初五	30

丁酉年財喜貴煞方位表

二〇一七國曆五月	五月	支干	財神	喜門	貴門	文昌	正財	偏財	煞方
1	初六	戊子	正北	東南	東北	西北	西南	正東	正南
2	初七	己丑	正北	東北	正北	正北	正西	正東	正東
3	初八	庚寅	正東	西北	東北	東北	西北	正南	正北
4	初九	辛卯	正東	西南	東北	正東	正北	正南	正西
5	初十	壬辰	正南	正南	正東	東南	東北	中央	正南
6	十一	癸巳	正南	東南	東南	正南	正東	中央	正東
7	十二	甲午	東南	東北	西南	西南	東南	正西	正北
8	十三	乙未	東南	西北	西南	正南	正東	中央	正西
9	十四	丙申	正西	西南	正西	西南	東南	正西	正南
10	十五	丁酉	正西	正南	西北	正西	正南	正西	正東
11	十六	戊戌	正北	東南	東北	西南	東南	正北	正北
12	十七	己亥	正北	東北	西南	正西	正南	正北	正西
13	十八	庚子	正東	西北	東北	西北	西南	正東	正南
14	十九	辛丑	正東	西南	東北	正北	正西	正東	正東
15	二十	壬寅	正南	正南	正東	東北	西北	正南	正北

丁酉年財喜貴煞方位表

二〇一七國曆五月	五月	干支	財神	喜門	貴門	文昌	正財	偏財	煞方
16	廿一	癸卯	正南	東南	正東	正東	正北	正南	正西
17	廿二	甲辰	東南	東北	西南	東南	東北	中央	正南
18	廿三	乙巳	東南	西北	正北	正南	正東	中央	正東
19	廿四	丙午	正西	西南	西北	西南	東南	正西	正北
20	廿五	丁未	正西	正南	西北	正西	正南	正西	正西
21	廿六	戊申	正北	東南	西南	西南	東南	正南	正南
22	廿七	己酉	正北	東北	西南	正西	正南	正北	正東
23	廿八	庚戌	正東	西北	西南	西北	西南	正東	正北
24	廿九	辛亥	正東	西南	正南	正北	正西	正東	正西
25	三十	壬子	正南	正南	正東	東北	西北	正南	正南
26	五月	癸丑	正南	東南	正東	正東	正北	正南	正東
27	初二	甲寅	東南	東北	東北	東南	東北	中央	正北
28	初三	乙卯	東南	西北	西南	正南	正東	中央	正西
29	初四	丙辰	正西	西南	正西	西南	東南	正西	正南
30	初五	丁巳	正西	正南	正西	正西	正南	正西	正東
31	初六	戊午	正北	東南	西南	西南	東南	正北	正北

丁酉年財喜貴煞方位表

二〇一七國曆六月	六月	支干	財神	喜門	貴門	文昌	正財	偏財	煞方
1	初七	己未	正北	東北	西南	正西	正南	正北	正西
2	初八	庚申	正東	西北	西南	西北	西南	正東	正南
3	初九	辛酉	正東	西南	東北	正北	正西	正東	正東
4	初十	壬戌	正南	正南	正東	東北	西北	正南	正北
5	十一	癸亥	正南	東南	正東	正東	正北	正南	正西
6	十二	甲子	東南	東北	東北	東南	東北	中央	正南
7	十三	乙丑	東南	西北	正北	正南	正東	中央	正東
8	十四	丙寅	正西	西南	正西	西南	東南	正西	正北
9	十五	丁卯	正西	正南	西北	正西	正南	正西	正西
10	十六	戊辰	正北	東南	東北	正北	東南	正北	正南
11	十七	己巳	正北	東北	西南	正西	正南	正北	正東
12	十八	庚午	正東	西北	西南	西北	西南	正東	正北
13	十九	辛未	正東	西南	正南	正北	正西	正東	正西
14	二十	壬申	正南	正南	正東	東北	西北	正南	正南
15	廿一	癸酉	正南	東南	東南	正東	正北	正南	正東

丁酉年財喜貴煞方位表

二〇一七國曆六月	六月	干支	財神	喜門	貴門	文昌	正財	偏財	煞方
16	廿二	甲戌	東南	東北	東北	東南	東北	中央	正北
17	廿三	乙亥	東南	西北	西南	正南	正東	中央	正西
18	廿四	丙子	正西	西南	正西	西南	東南	正西	正南
19	廿五	丁丑	正西	正南	西北	正西	正南	正西	正東
20	廿六	戊寅	正北	東南	東北	西南	東南	正北	正北
21	廿七	己卯	正北	東北	西南	正西	正南	正北	正西
22	廿八	庚辰	正東	西北	東北	西北	西南	正東	正南
23	廿九	辛巳	正東	西南	東北	正北	西南	正東	正東
24	六月	壬午	正南	正南	正東	東北	西北	正南	正北
25	初二	癸未	正南	東南	正東	正東	正北	正南	正西
26	初三	甲申	東南	東北	西南	東南	東北	中央	正南
27	初四	乙酉	東南	西北	西南	正南	正東	中央	正東
28	初五	丙戌	正西	西南	正西	西南	東南	正西	正北
29	初六	丁亥	正西	正南	正西	正西	正南	正西	正西
30	初七	戊子	正北	東南	東北	西北	西南	正東	正南

丁酉年財喜貴煞方位表

二〇一七國曆七月	農曆閏六月	支干	財神	喜門	貴門	文昌	正財	偏財	煞方
1	初八	己丑	正北	東北	正北	正北	正西	正東	正東
2	初九	庚寅	正東	西北	東北	東北	西北	正南	正北
3	初十	辛卯	正東	西南	東北	正東	正北	正南	正西
4	十一	壬辰	正南	正南	正東	東南	東北	中央	正南
5	十二	癸巳	正南	東南	東南	正南	正東	中央	正東
6	十三	甲午	東南	東北	西南	西南	東南	正西	正北
7	十四	乙未	東南	西北	西南	正南	正東	中央	正西
8	十五	丙申	正西	西南	正西	西南	東南	正西	正南
9	十六	丁酉	正西	正南	西北	正西	正南	正西	正東
10	十七	戊戌	正北	東南	東北	西南	東南	正北	正北
11	十八	己亥	正北	東北	西南	正西	正南	正北	正西
12	十九	庚子	正東	西北	東北	西北	西南	正東	正南
13	二十	辛丑	正東	西南	東北	正北	正西	正東	正東
14	廿一	壬寅	正南	正南	正東	東北	西北	正南	正北
15	廿二	癸卯	正南	東南	正東	正東	正北	正南	正西

丁酉年財喜貴煞方位表

二〇一六國曆七月	農曆閏六月	干支	財神	喜門	貴門	文昌	正財	偏財	煞方
16	廿三	甲辰	東南	東北	西南	東南	東北	中央	正南
17	廿四	乙巳	東南	西北	正北	正南	正東	中央	正東
18	廿五	丙午	正西	西南	西北	西南	東南	正西	正北
19	廿六	丁未	正西	正南	西北	正西	正南	正西	正西
20	廿七	戊申	正北	東南	西南	西南	東南	正南	正南
21	廿八	己酉	正北	東北	西南	正西	正南	正北	正東
22	廿九	庚戌	正東	西北	西南	西北	西南	正東	正北
23	閏六月	辛亥	正東	西南	正南	正北	正西	正東	正西
24	初二	壬子	正南	正南	正東	東北	西北	正南	正南
25	初三	癸丑	正南	東南	正東	正東	正北	正南	正東
26	初四	甲寅	東南	東北	東北	東南	東北	中央	正北
27	初五	乙卯	東南	西北	西南	正南	正東	中央	正西
28	初六	丙辰	正西	西南	正西	西南	東南	正西	正南
29	初七	丁巳	正西	正南	正西	正西	正南	正西	正東
30	初八	戊午	正北	東南	西南	西南	東南	正北	正北
31	初九	己未	正北	東北	西南	正西	正南	正北	正西

丁酉年財喜貴煞方位表

二〇一七國曆八月	七月	支干	財神	喜門	貴門	文昌	正財	偏財	煞方
1	初十	庚申	正東	西北	西南	西北	西南	正東	正南
2	十一	辛酉	正東	西南	東北	正北	正西	正東	正東
3	十二	壬戌	正南	正南	正東	東北	西北	正南	正北
4	十三	癸亥	正南	東南	正東	正東	正北	正南	正西
5	十四	甲子	東南	東北	東北	東南	東北	中央	正南
6	十五	乙丑	東南	西北	正北	正南	正東	中央	正東
7	十六	丙寅	正西	西南	正西	西南	東南	正西	正北
8	十七	丁卯	正西	正南	西北	正西	正南	正西	正西
9	十八	戊辰	正北	東南	東北	正北	東南	正北	正南
10	十九	己巳	正北	東北	西南	正西	正南	正北	正東
11	二十	庚午	正東	西北	西南	西北	西南	正東	正北
12	廿一	辛未	正東	西南	正南	正北	正西	正東	正西
13	廿二	壬申	正南	正南	正東	東北	西北	正南	正南
14	廿三	癸酉	正南	東南	東南	正東	正北	正南	正東
15	廿四	甲戌	東南	東北	東北	東南	東北	中央	正北

丁酉年財喜貴煞方位表

二〇一七國曆八月	七月	干支	財神	喜門	貴門	文昌	正財	偏財	煞方
16	廿五	乙亥	東南	西北	西南	正南	正東	中央	正西
17	廿六	丙子	正西	西南	正西	西南	東南	正西	正南
18	廿七	丁丑	正西	正南	西北	正西	正南	正西	正東
19	廿八	戊寅	正北	東南	東北	西南	東南	正北	正北
20	廿九	己卯	正北	東北	西南	正西	正南	正北	正西
21	三十	庚辰	正東	西北	東北	西北	西南	正東	正南
22	七月	辛巳	正東	西南	東北	正北	西南	正東	正東
23	初二	壬午	正南	正南	正東	東北	西北	正南	正北
24	初三	癸未	正南	東南	正東	正東	正北	正南	正西
25	初四	甲申	東南	東北	西南	東南	東北	中央	正南
26	初五	乙酉	東南	西北	西南	正南	正東	中央	正東
27	初六	丙戌	正西	西南	正西	西南	東南	正西	正北
28	初七	丁亥	正西	正南	正西	正西	正南	正西	正西
29	初八	戊子	正北	東南	東北	西北	西南	正東	正南
30	初九	己丑	正北	東北	正北	正北	正西	正東	正東
31	初十	庚寅	正東	西北	東北	東北	西北	正南	正北

丁酉年財喜貴煞方位表

二〇一七國曆九月	八月	支干	財神	喜門	貴門	文昌	正財	偏財	煞方
1	十一	辛卯	正東	西南	東北	正東	正北	正南	正西
2	十二	壬辰	正南	正南	正東	東南	東北	中央	正南
3	十三	癸巳	正南	東南	東南	正南	正東	中央	正東
4	十四	甲午	東南	東北	西南	西南	東南	正西	正北
5	十五	乙未	東南	西北	西南	正南	正東	中央	正西
6	十六	丙申	正西	西南	正西	西南	東南	正西	正南
7	十七	丁酉	正西	正南	西北	正西	正南	正西	正東
8	十八	戊戌	正北	東南	東北	西南	東南	正北	正北
9	十九	己亥	正北	東北	西南	正西	正南	正北	正西
10	二十	庚子	正東	西北	東北	西北	西南	正東	正南
11	廿一	辛丑	正東	西南	東北	正北	正西	正東	正東
12	廿二	壬寅	正南	正南	正東	東北	西北	正南	正北
13	廿三	癸卯	正南	東南	正東	正東	正北	正南	正西
14	廿四	甲辰	東南	東北	西南	東南	東北	中央	正南
15	廿五	乙巳	東南	西北	正北	正南	正東	中央	正東

丁酉年財喜貴煞方位表

煞方	偏財	正財	文昌	貴門	喜門	財神	干支	八月	二〇一七國曆九月
正北	正西	東南	西南	西北	西南	正西	丙午	廿六	16
正西	正西	正南	正西	西北	正南	正西	丁未	廿七	17
正南	正南	東南	西南	西南	東南	正北	戊申	廿八	18
正東	正北	正南	正西	西南	東北	正北	己酉	廿九	19
正北	正東	西南	西北	西南	西北	正東	庚戌	八月	20
正西	正東	正西	正北	正南	西南	正東	辛亥	初二	21
正南	正南	西北	東北	正東	正南	正南	壬子	初三	22
正東	正南	正北	正東	正東	東南	正南	癸丑	初四	23
正北	中央	東北	東南	東北	東北	東南	甲寅	初五	24
正西	中央	正東	正南	西南	西北	東南	乙卯	初六	25
正南	正西	東南	西南	正西	西南	正西	丙辰	初七	26
正東	正西	正南	正西	正西	正南	正西	丁巳	初八	27
正北	正北	東南	西南	西南	東南	正北	戊午	初九	28
正西	正北	正南	正西	西南	東北	正北	己未	初十	29
正南	正東	西南	西北	西南	西北	正東	庚申	十一	30

丁酉年財喜貴煞方位表

煞方	偏財	正財	文昌	貴門	喜門	財神	支干	九月	二〇一七國曆十月
正東	正東	正西	正北	東北	西南	正東	辛酉	十二	1
正北	正南	西北	東北	正東	正南	正南	壬戌	十三	2
正西	正南	正北	正東	正東	東南	正南	癸亥	十四	3
正南	中央	東北	東南	東北	東北	東南	甲子	十五	4
正東	中央	正東	正南	正北	西北	東南	乙丑	十六	5
正北	正西	東南	西南	正西	西南	正西	丙寅	十七	6
正西	正西	正南	正西	西北	正南	正西	丁卯	十八	7
正南	正北	東南	正北	東北	東南	正北	戊辰	十九	8
正東	正北	正南	正西	西南	東北	正北	己巳	二十	9
正北	正東	西南	西北	西南	西北	正東	庚午	廿一	10
正西	正東	正西	正北	正南	西南	正東	辛未	廿二	11
正南	正南	西北	東北	正東	正南	正南	壬申	廿三	12
正東	正南	正北	正東	東南	東南	正南	癸酉	廿四	13
正北	中央	東北	東南	東北	東北	東南	甲戌	廿五	14
正西	中央	正東	正南	西南	西北	東南	乙亥	廿六	15

丁酉年財喜貴煞方位表

煞方	偏財	正財	文昌	貴門	喜門	財神	干支	九月	二〇一七國曆十月
正南	正西	東南	西南	正西	西南	正西	丙子	**廿七**	16
正東	正西	正南	正西	西北	正南	正西	丁丑	**廿八**	17
正北	正北	東南	西南	東北	東南	正北	戊寅	**廿九**	18
正西	正北	正南	正西	西南	東北	正北	己卯	**三十**	19
正南	正東	西南	西北	東北	西北	正東	庚辰	**九月**	20
正東	正東	西南	正北	東北	西南	正東	辛巳	**初二**	21
正北	正南	西北	東北	正東	正南	正南	壬午	**初三**	22
正西	正南	正北	正東	正東	東南	正南	癸未	**初四**	23
正南	中央	東北	東南	西南	東北	東南	甲申	**初五**	24
正東	中央	正東	正南	西南	西北	東南	乙酉	**初六**	25
正北	正西	東南	西南	正西	西南	正西	丙戌	**初七**	26
正西	正西	正南	正西	正西	正南	正西	丁亥	**初八**	27
正南	正東	西南	西北	東北	東南	正北	戊子	**初九**	28
正東	正東	正西	正北	正北	東北	正北	己丑	**初十**	29
正北	正南	西北	東北	東北	西北	正東	庚寅	**十一**	30
正西	正南	正北	正東	東北	西南	正東	辛卯	**十二**	31

丁酉年財喜貴煞方位表

二〇一七國曆十一月	十月	支干	財神	喜門	貴門	文昌	正財	偏財	煞方
1	十三	壬辰	正南	正南	正東	東南	東北	中央	正南
2	十四	癸巳	正南	東南	東南	正南	正東	中央	正東
3	十五	甲午	東南	東北	西南	西南	東南	正西	正北
4	十六	乙未	東南	西北	西南	正南	正東	中央	正西
5	十七	丙申	正西	西南	正西	西南	東南	正西	正南
6	十八	丁酉	正西	正南	西北	正西	正南	正西	正東
7	十九	戊戌	正北	東南	東北	西南	東南	正北	正北
8	二十	己亥	正北	東北	西南	正西	正南	正北	正西
9	廿一	庚子	正東	西北	東北	西北	西南	正東	正南
10	廿二	辛丑	正東	西南	東北	正北	正西	正東	正東
11	廿三	壬寅	正南	正南	正東	東北	西北	正南	正北
12	廿四	癸卯	正南	東南	正東	正東	正北	正南	正西
13	廿五	甲辰	東南	東北	西南	東南	東北	中央	正南
14	廿六	乙巳	東南	西北	正北	正南	正東	中央	正東
15	廿七	丙午	正西	西南	西北	西南	東南	正西	正北

丁西年財喜貴煞方位表

煞方	偏財	正財	文昌	貴門	喜門	財神	干支	十月	二〇一七 國曆十一月
正西	正西	正南	正西	西北	正南	正西	丁未	廿八	16
正南	正南	東南	西南	西南	東南	正北	戊申	廿九	17
正東	正北	正南	正西	西南	東北	正北	己酉	十月	18
正北	正東	西南	西北	西南	西北	正東	庚戌	初二	19
正西	正東	正西	正北	正南	西南	正東	辛亥	初三	20
正南	正南	西北	東北	正東	正南	正南	壬子	初四	21
正東	正南	正北	正東	正東	東南	正南	癸丑	初五	22
正北	中央	東北	東南	東北	東北	東南	甲寅	初六	23
正西	中央	正東	正南	西南	西北	東南	乙卯	初七	24
正南	正西	東南	西南	正西	西南	正西	丙辰	初八	25
正東	正西	正南	正西	正西	正南	正西	丁巳	初九	26
正北	正北	東南	西南	西南	東南	正北	戊午	初十	27
正西	正北	正南	正西	西南	東北	正北	己未	十一	28
正南	正東	西南	西北	西南	西北	正東	庚申	十二	29
正東	正東	正西	正北	東北	西南	正東	辛酉	十三	30

丁酉年財喜貴煞方位表

二〇一七 國曆十二月	十一月	支干	財神	喜門	貴門	文昌	正財	偏財	煞方
1	十四	壬戌	正南	正南	正東	東北	西北	正南	正北
2	十五	癸亥	正南	東南	正東	正東	正北	正南	正西
3	十六	甲子	東南	東北	東北	東南	東北	中央	正南
4	十七	乙丑	東南	西北	正北	正南	正東	中央	正東
5	十八	丙寅	正西	西南	正西	西南	東南	正西	正北
6	十九	丁卯	正西	正南	西北	正西	正南	正西	正西
7	二十	戊辰	正北	東南	東北	正北	東南	正北	正南
8	廿一	己巳	正北	東北	西南	正西	正南	正北	正東
9	廿二	庚午	正東	西北	西南	西北	西南	正東	正北
10	廿三	辛未	正東	西南	正南	正北	正西	正東	正西
11	廿四	壬申	正南	正南	正東	東北	西北	正南	正南
12	廿五	癸酉	正南	東南	東南	正東	正北	正南	正東
13	廿六	甲戌	東南	東北	東北	東南	東北	中央	正北
14	廿七	乙亥	東南	西北	西南	正南	正東	中央	正西
15	廿八	丙子	正西	西南	正西	西南	東南	正西	正南

丁酉年財喜貴煞方位表

煞方	偏財	正財	文昌	貴門	喜門	財神	干支	十一月	二〇一七 國曆十二月
正東	正西	正南	正西	西北	正南	正西	丁丑	廿九	16
正北	正北	東南	西南	東北	東南	正北	戊寅	三十	17
正西	正北	正南	正西	西南	東北	正北	己卯	十一月	18
正南	正東	西南	西北	東北	西北	正東	庚辰	初二	19
正東	正東	西南	正北	東北	西南	正東	辛巳	初三	20
正北	正南	西北	東北	正東	正南	正南	壬午	初四	21
正西	正南	正北	正東	正東	東南	正南	癸未	初五	22
正南	中央	東北	東南	西南	東北	東南	甲申	初六	23
正東	中央	正東	正南	西南	西北	東南	乙酉	初七	24
正北	正西	東南	西南	正西	西南	正西	丙戌	初八	25
正西	正西	正南	正西	正西	正南	正西	丁亥	初九	26
正南	正東	西南	西北	東北	東南	正北	戊子	初十	27
正東	正東	正西	正北	正北	東北	正北	己丑	十一	28
正北	正南	西北	東北	東北	西北	正東	庚寅	十二	29
正西	正南	正北	正東	東北	西南	正東	辛卯	十三	30
正南	中央	東北	東南	正東	正南	正南	壬辰	十四	31

丁酉年財喜貴煞方位表

二〇一八 國曆一月	十二月	支干	財神	喜門	貴門	文昌	正財	偏財	煞方
1	十五	癸巳	正南	東南	東南	正南	正東	中央	正東
2	十六	甲午	東南	東北	西南	西南	東南	正西	正北
3	十七	乙未	東南	西北	西南	正南	正東	中央	正西
4	十八	丙申	正西	西南	正西	西南	東南	正西	正南
5	十九	丁酉	正西	正南	西北	正西	正南	正西	正東
6	二十	戊戌	正北	東南	東北	西南	東南	正北	正北
7	廿一	己亥	正北	東北	西南	正西	正南	正北	正西
8	廿二	庚子	正東	西北	東北	西北	西南	正東	正南
9	廿三	辛丑	正東	西南	東北	正北	正西	正東	正東
10	廿四	壬寅	正南	正南	正東	東北	西北	正南	正北
11	廿五	癸卯	正南	東南	正東	正東	正北	正南	正西
12	廿六	甲辰	東南	東北	西南	東南	東北	中央	正南
13	廿七	乙巳	東南	西北	正北	正南	正東	中央	正東
14	廿八	丙午	正西	西南	西北	西南	東南	正西	正北
15	廿九	丁未	正西	正南	西北	正西	正南	正西	正西

丁酉年財喜貴煞方位表

二〇一八國曆一月	十二月	干支	財神	喜門	貴門	文昌	正財	偏財	煞方
16	三十	戊申	正北	東南	西南	西南	東南	正南	正南
17	十二月	己酉	正北	東北	西南	正西	正南	正北	正東
18	初二	庚戌	正東	西北	西南	西北	西南	正東	正北
19	初三	辛亥	正東	西南	正南	正北	正西	正東	正西
20	初四	壬子	正南	正南	正東	東北	西北	正南	正南
21	初五	癸丑	正南	東南	正東	正東	正北	正南	正東
22	初六	甲寅	東南	東北	東北	東南	東北	中央	正北
23	初七	乙卯	東南	西北	西南	正南	正東	中央	正西
24	初八	丙辰	正西	西南	正西	西南	東南	正西	正南
25	初九	丁巳	正西	正南	正西	正西	正南	正西	正東
26	初十	戊午	正北	東南	西南	西南	東南	正北	正北
27	十一	己未	正北	東北	西南	正西	正南	正北	正西
28	十二	庚申	正東	西北	西南	西北	西南	正東	正南
29	十三	辛酉	正東	西南	東北	正北	正西	正東	正東
30	十四	壬戌	正南	正南	正東	東北	西北	正南	正北
31	十五	癸亥	正南	東南	正東	正東	正北	正南	正西

丁酉年財喜貴煞方位表

二〇一八國曆二月	正月	支干	財神	喜門	貴門	文昌	正財	偏財	煞方
1	十六	甲子	東南	東北	東北	東南	東北	中央	正南
2	十七	乙丑	東南	西北	正北	正南	正東	中央	正東
3	十八	丙寅	正西	西南	正西	西南	東南	正西	正北
4	十九	丁卯	正西	正南	西北	正西	正南	正西	正西
5	二十	戊辰	正北	東南	東北	正北	東南	正北	正南
6	廿一	己巳	正北	東北	西南	正西	正南	正北	正東
7	廿二	庚午	正東	西北	西南	西北	西南	正東	正北
8	廿三	辛未	正東	西南	正南	正北	正西	正東	正西
9	廿四	壬申	正南	正南	正東	東北	西北	正南	正南
10	廿五	癸酉	正南	東南	東南	正東	正北	正南	正東
11	廿六	甲戌	東南	東北	東北	東南	東北	中央	正北
12	廿七	乙亥	東南	西北	西南	正南	正東	中央	正西
13	廿八	丙子	正西	西南	正西	西南	東南	正西	正南
14	廿九	丁丑	正西	正南	西北	正西	正南	正西	正東
15	三十	戊寅	正北	東南	東北	西南	東南	正北	正北

丁酉年財喜貴煞方位表

二〇一八國曆二月	正月	支干	財神	喜門	貴門	文昌	正財	偏財	煞方
16	**正月**	己卯	正北	東北	西南	正西	正南	正北	正西
17	**初二**	庚辰	正東	西北	東北	西北	西南	正東	正南
18	**初三**	辛巳	正東	西南	東北	正北	西南	正東	正東
19	**初四**	壬午	正南	正南	正東	東北	西北	正南	正北
20	**初五**	癸未	正南	東南	正東	正東	正北	正南	正西
21	**初六**	甲申	東南	東北	西南	東南	東北	中央	正南
22	**初七**	乙酉	東南	西北	西南	正南	正東	中央	正東
23	**初八**	丙戌	正西	西南	正西	西南	東南	正西	正北
24	**初九**	丁亥	正西	正南	正西	正西	正南	正西	正西
25	**初十**	戊子	正北	東南	東北	西北	西南	正東	正南
26	十一	己丑	正北	東北	正北	正北	正西	正東	正東
27	十二	庚寅	正東	西北	東北	東北	西北	正南	正北
28	十三	辛卯	正東	西南	東北	正東	正北	正南	正西

玩藝 VIS0043

謝沅瑾雞年生肖運勢大解析——

史上最實用的開運工具書，謝老師親自計算農民曆、批算流年流月，
一書在案，平安好運發大財！

（隨書附贈謝老師親自開光加持的「獅咬劍八卦鏡吊飾」）

作　　者—— 謝沅瑾
書籍製作—— 謝沅瑾命理研究中心
攝　　影—— 高政全
責任編輯—— 張沛榛
執行企劃—— 汪婷婷
全書設計—— 亞樂設計有限公司
董 事 長
總 經 理—— 趙政岷
總 編 輯—— 周湘琦
出 版 者—— 時報文化出版企業股份有限公司
10803 台北市和平西路三段二四〇號二樓
發行專線—（02）2306-6842
讀者服務專線— 0800-231-705
（02）2304-6858
讀者服務傳真—（02）二三〇四一六八五八
郵撥—1934-4724 時報文化出版公司
信箱— 台北郵政 79 ～ 99 信箱
時報悅讀網— www.readingtimes.com.tw
電子郵件信箱—ctliving@readingtimes.com.tw
時報出版風格線—https://www.facebook.com/bookstyle2014
法律顧問—— 理律法律事務所　陳長文律師、李念祖律師
印　　刷—— 詠豐印刷有限公司
初版一刷—— 2016 年 11 月 4 日
定　　價—— 新台幣 380 元

國家圖書館出版品預行編目 (CIP) 資料

謝沅瑾雞年生肖運勢大解析：史上最實用的開運工具書，謝老師親自計算農民曆、批算流年流月，一書在案，平安好運發大財！. 2017 年 / 謝沅瑾著. -- 初版. -- 臺北市：時報文化，2016.11　面；　公分. -- (玩藝；VIS0043)
ISBN 978-957-13-6812-2(平裝)

1. 改運法　2. 命書
295.7　　105019418

服裝提供

時報文化出版公司成立於一九七五年，並於一九九九年股票上櫃公開發行，
於二〇〇八年脫離中時集團非屬旺中，
以「尊重智慧與創意的文化事業」為信念。

（缺頁或破損的書，請寄回更換）

ISBN 978-957-13-6812-2

Printed in Taiwan

謝沅瑾 二〇一七丁酉年
雞年生肖運勢大解析

想知道自己姓名與風水的問題嗎？現在只要您完整填寫讀者回函內容，並於2017/02/15前（以郵戳為憑），寄回時報文化，就有機會獲得**謝沅瑾老師面對面為您親自批算姓名鑑定與風水**等相關問題的機會喔！

10位幸運的讀者名單，我們將會於2017/02/28前在「**時報出版風格線**」、「**謝沅瑾命理／民俗文化研究中心**」公布。

＊您最希望謝沅瑾老師為您解答關於姓名鑑定與風水的問題是什麼？

____

____

＊您最喜歡本書的章節與原因？

____

____

＊請問您在何處購買本書籍？

□誠品書店　□金石堂書店　□博客來網路書店　□量販店
□一般傳統書店　□其他網路書店　□其他

＊請問您購買本書籍的原因？

□喜歡主題　□喜歡封面　□價格優惠　□喜歡購書禮
□喜愛作者　□工作需要　□實用　□其他

＊您從何處知道本書籍？

□一般書店：________□網路書店：________□量販店：________
□報紙：________□廣播：________□電視：________
□網路媒體活動：______□朋友推薦　□其他

【讀者資料】

姓名：________________□先生 □小姐　生辰八字：____________

年齡：________________職業：________________

聯絡電話：（H）________________（M）________________

地址：□□□________________________________

E-mail：________________________________

（請務必完整填寫、字跡工整，以便流年批算及回覆）

注意事項：
★本問卷將正本寄回不得影印使用。
★本公司保有活動辦法之權利，並有權選擇最終得獎者。
★若有其他疑問，請洽客服專線：02-23066600#8219

※ 請對摺後直接投入郵筒，請不要使用釘書機。

廣告回信
台北郵局登記證
台北廣字

第 2218 號

時報文化出版股份有限公司

108 台北市萬華區和平西路三段 240 號 2 樓

第三編輯部 收

獅咬劍12生肖八卦錢吊飾

正面：瑞獅咬劍

背面：12生肖八卦錢

天地萬物始於太極，後生兩儀、四象、八卦，萬物組合不脫天干、地支之配合形成60甲子、12生肖、12月令、12時辰！

道家遂以其組合製作12生肖 8 卦錢吊飾用以鎮宅、避邪、配戴、懸掛！

獅咬劍吊飾除可化煞，還有助人趨吉避凶及招財納福的作用，經過謝沅瑾老師親自開光加持後，任何外煞、壁刀煞、路沖煞、弓箭煞、天斬煞、電線桿煞等皆可以化解，鎮宅平安！

正面：瑞獅咬劍

背面：十二生肖八卦錢

謝沅瑾命理研究中心 瑾

謝沅瑾老師專題演說

謝沅瑾老師自1994年起開始接受媒體專訪與節目錄影，將古老複雜的風水、命理與姓名學，轉變成人人都聽得懂的科學說法與生活道理，除了在媒體大受歡迎之外，各單位也爭相邀請老師蒞臨進行專題演說。

由於謝老師長期推行「風水是生活科學」的道理，因此一直有許多學術、科技單位對於謝老師十分敬佩，紛紛邀請謝老師前往演說，配合邀請單位所需的主題，古老的風水與現代的科學，在謝老師的努力之下，成功的做了一次又一次的結合。

許多聽過謝沅瑾老師演說的人，都感到茅塞頓開，對於這項學問的陌生、疑慮與恐懼都因此消除，甚至開始身體力行，許多人也都因此得到了「風水讓富人累積財富，讓窮人改變命運」的成果。

演說預約專線 886-2-2756-9880／**傳真** 886-2-2756-9762／Email:hyjls@yahoo.com.tw

《國際級風水謝沅瑾老師專屬設計團隊》

承澄居家風水室內設計

Cheng Jin Interior Design

承澄室內設計

依照客戶的命理八字規畫專屬的開運格局，以裝潢改變住宅中的磁場使您逢凶化吉，趨吉避凶。承澄給您生活品質身、心、靈的饗宴，闔家歡樂美好的家。

- 辦公室空間設計
- 住宅空間設計
- 商業空間設計
- 別墅農舍規劃
- 建築外觀設計
- 舊屋翻修

承澄室內設計
02-2591-5397
0935-191-172

風水

讓富人累積財富

讓窮人改變命運

瑾